本书获得河南省哲学社会科学规划项目（2018CJJ068）及河南省特色骨干学科建设项目"现代服务业学科群"（教高2020–419号）的资助

共享经济：
来自平台技术信任的研究

杨文君 ◎ 著

SHARING ECONOMY:
RESEARCH FROM
PLATFORM
TECHNOLOGY TRUST

经济管理出版社
ECONOMY & MANAGEMENT PUBLISHING HOUSE

图书在版编目(CIP)数据

共享经济:来自平台技术信任的研究/杨文君著.—北京:经济管理出版社,2021.11
ISBN 978 - 7 - 5096 - 8164 - 0

Ⅰ.①共…　Ⅱ.①杨…　Ⅲ.①电子商务—研究　Ⅳ.①F713.36

中国版本图书馆 CIP 数据核字(2021)第 150250 号

组稿编辑:杜　菲
责任编辑:杜　菲
责任印制:黄章平
责任校对:王淑卿

出版发行:经济管理出版社
　　　　　(北京市海淀区北蜂窝 8 号中雅大厦 A 座 11 层　100038)
网　　　址:www. E - mp. com. cn
电　　　话:(010) 51915602
印　　　刷:唐山昊达印刷有限公司
经　　　销:新华书店
开　　　本:720mm × 1000mm/16
印　　　张:12.25
字　　　数:210 千字
版　　　次:2022 年 1 月第 1 版　　2022 年 1 月第 1 次印刷
书　　　号:ISBN 978 - 7 - 5096 - 8164 - 0
定　　　价:88.00 元

前　言

2016 年共享经济首次写入《政府工作报告》，该报告强调要大力推动包括共享经济等在内的新经济领域的快速发展。共享经济在国家经济发展、培育新动能、引领创新和扩大就业等方面发挥了重要作用。然而，如何构建和提高共享用户的信任，促进用户的使用一直是困扰其发展的"瓶颈"。信任的缺失会限制用户对共享平台的使用，动摇企业对共享平台投入的信心，甚至摧毁共享经济的发展。

在当前监管较为薄弱、制度尚未完善的共享情境下，制度信任的构建是一个长期且复杂的过程。消费者受其双元角色（买家和网站使用者）的影响，对服务提供商和共享技术平台的感知在构建共享信任中有重要影响作用。共享技术平台是用户资源共享的核心媒介，用户对平台的技术信任成为降低风险感知、促进深度参与的重要基础。然而，现有共享经济信任机制研究中技术信任研究仍处于起步阶段，将技术信任视为构建初始信任的前置性因素，对重复使用过程中技术信任的作用研究不足。本书基于共享经济情境，提出共享平台技术信任的概念，在系统测量共享平台技术信任的基础上，进一步探讨了其对重复购买意向的影响。

本书主要获得以下三方面的研究结论：

（1）共享平台技术信任由功能型技术信任和治理型技术信任两个维度（三阶概念）构成。这两个核心范畴具有内在的结构特征，其中功能型技术信任包括三个次要范畴，分别是对网站设计的信念、对网站效用的信念、对网站安全的信念；治理型技术信任包括两个次要范畴，分别是对技术监督的信念和对技术控制的信念。借鉴本书的研究思路和具体结论，共享经济企业或平台可以结合自身情况，通过技术信任问卷测量工具发掘有针对性的技术要素，在共享企业或平台的设计过程中融入该要素，提高用户对平台的技术信任水平。

（2）对比了功能型技术信任和治理型技术信任在降低用户风险感知方面的差异性影响。研究发现，尽管功能型技术信任有助于降低用户的感知风险，但与治理型技术信任相比，其影响作用更小。本书研究有助于加深业界对不同平台技术的理解，使组织在降低用户感知风险和提升持续使用意向的技术设计中更具针对性。

（3）共享经济情境下平台技术信任具有调节作用。本书着重从理论逻辑的角度探讨共享经济情境下重复购买过程中共享平台技术信任的影响作用。研究发现，与初次购买不同，在重复购买过程中，共享平台技术信任在服务提供商信任对感知风险的影响中具有调节作用。这在一定程度上体现了共享情境下技术信任与不同类型的服务提供商信任间的交互在降低感知风险、促进用户使用意向的过程中体现出互补和替代的作用。本书结论为共享平台根据自身平台强化消费者对商家具体信任有重要的指导意义。

目　录

第一章
绪　论

本章主要论述研究背景和研究问题、研究意义以及预期理论贡献和实践贡献，并简要介绍研究框架和技术路线，以及本书结构和内容安排。

一、研究背景与问题提出

（一）研究背景

近年来，随着"互联网＋"行动计划和"大众创业、万众创新"的提出和推进，共享经济模式迅速成为众多创业者的重要选择。2016 年共享经济首次写入《政府工作报告》，报告强调要大力推动包括共享经济等在内的"新经济"领域的快速发展。国家信息中心共享经济研究中心发布《中国共享经济发展报告 2017》显示，中国共享经济发展迅猛，对培育经济发展新动能、引领创新、扩大就业做出了重要贡献。报告估算，2016 年我国共享经济市场交易额约为 3.45 万亿元，共有 6 亿人参与，为社会提供了大量的就业机会。2020 年我国共享经济规模占 GDP 比重 10% 以上，预测未来 5 年，我国共享经济年均增长速度将高达 40%，共享经济成为我国经济新的增长点。因此，众多企业积极成立了电商或企业，如共享汽车包括优步和滴滴等、在线短租包括空中食宿 Airbnb 和木鸟短租等、共享衣橱包括女神派和多啦衣梦等公司。有调查指出约有50%的中国人至少已使用了共享经济商业的一种类型。共享经济作为一种互联网背景下的新经济形态，引发了国内外学者的重视和研究。

尽管许多企业开始将资源投入共享企业或平台的构建和应用，但对于能否建立供需双方的信任促进交易双方对平台的持续使用仍存在很大的疑虑。对于用户而言，由于信息不对称的存在，能否信任对方会确保共享物品的安全或共享物品是否货真价实等疑问也让很多用户望而却步（Belk，2014；Dimoka et al.，2012；张耕和刘震宇，2010）。普华永道2015年的调查发现，尽管有超过80%的被调查者认为共享经济让生活变得更美好，但有69%的被调查者认为信任可能是一个问题（Nadler，2014；Hawlitschek et al.，2016）。例如，2011年某短租平台发生的"洗劫门"事件。一名房东发现她的公寓被某短租平台上招来的房客洗劫一空。她在给该平台的信上写道："房客在我柜子上凿个洞，劫走我的一切，包括但不限于护照、现金、信用卡、珠宝首饰、照相机、iPod等。"2016年5月，深圳一名24岁的女教师搭乘某共享网约车返回学校，在路上被司机抢劫并杀害。Malhotra和 Van Alstyne 对共享经济的负面效应进行了列举，如短租领域，房主提供的产品或服务的品质可能缺乏基本的保障；交易双方发生严重冲突时，平台应该负多大责任难以确定；共享过程中的种族歧视（Edelman，2015）、骚扰、殴打、绑架和死亡等问题。这些负面效应往往会导致用户的不信任，而信任的缺失会限制用户对电商的使用，进而动摇企业对电商投入的信心，甚至摧毁了共享经济的发展。因此，信任问题成为制约共享经济发展的关键因素。

信任是控制风险的重要机制，现有研究将信任分为制度信任、技术信任和人际信任三种（谢康等，2016；谢康和肖静华，2014；闵庆飞等，2008）。在当前政府监管较为薄弱、制度尚未完善的共享情境下，制度信任的构建是一个长期且复杂的过程（蒋大兴和王首杰，2017）。消费者受其双元角色（买家和网站使用者）的影响，对服务提供商和共享技术平台的感知在构建共享信任中有重要的影响作用，但这并未否定制度和法律环境在市场设计中的重要性。共享技术平台是用户资源共享的核心媒介，用户对平台的技术信任成为降低风险感知、促进深度参与的重要基础，通过可信任技术推动消费者的技术信任是构建共享经济信任的有效手段。

以 Airbnb 支付为例。任何牵涉金钱交易的平台都需要一个强大的信任体系来支撑，而这种信任在很大程度上来自平台支付的安全性和可靠性。支付系统是 Airbnb 最核心的部分之一，融合信任、归属感和可追溯等多要素。首先，Airbnb 与第三方支付公司（如 Paypal、支付宝、谷歌钱包等）合作，提供便捷安全的支付管道，通过技术手段构建担保交易模式，只有房客认可房东提供的房屋和服务后，支付款才会转到房东账户。其次，房客可以用其熟悉的方式进行支付，如中国房客可以使用支付宝进行在线交易，而美国房客可以使用 Paypal、信用卡等进行在线交易。这样可以让世界不同的房客有产品本土化的体验。最后，对历史数据的记录是支付系统最核心的需求之一。Airbnb 支付系统可以对历史事务进行记录并对所有数据变动进行跟踪。房客信任房东，相信其对房屋和服务的描述和宣传，愿意与其进行交易的前提是消费者信任这种交易支付技术，进而促进了消费者对商家的信任，不通过便捷可靠的支付系统对交易进行担保，绝大多数消费者都不会相信房东。例如，Airbnb 通过大数据技术分析查找房东的刷单行为，将查找的依据和结果向房客公示。通过大数据技术的有效使用不但打击了房东的不诚信行为，也增加了房客对 Airbnb 的信任度。房客愿意相信该平台提供的交易数据的前提是对大数据技术的信任。同时，Airbnb 对房东和房客实行"实名认证"，无论房东还是房客都需要通过身份验证，以实现个体与行为结果间的对应，增强房东和房客的问责意识，降低违反政策的行为（Vance et al.，2015）。

通过提高用户对身份认证技术的信任增强平台用户的共享信任水平进而促进用户的平台使用意向。中国的共享经济从无到有、从小到大、从弱到强，技术信任在这一发展过程中发挥了非常重要的作用。因此，本书侧重关注由共享平台信息技术产生的信任信念。

现有研究从不同视角对技术信任进行了相关探讨。Ratnasingam 和 Pavlou（2003）首次提出了技术信任的概念，从制度视角将技术信任定义为"对技术基础设施和底层控制机制的信任信念"，是因为坚持技术标准、安全程序和保护机制在交易双方之间产生的制度信任。该视角下的技术信任从基础的保护机制分析技术信任（Gefen & Pavlou，2012；赵学锋等，2012；Pavlou & Gefen，2004），但将技术信任视为一种非治理结构，并未深入探讨技术的治理价值。Komiak 和 Benbasat（2006）、Wang 和 Benbasat（2008）及 Vance 等（2008）以技术的社会特征为基础，将技术视为具有某种社会角色的行为者，认为技术信任是人们基于技术能力、正直和善良产生的信任信念，如在线推荐代理。McKnight 等（2011）在技术"社会"特征的基础上，从技术本身的特性出发，考察了一般化信息技术的应用，如 Excel 软件（McKnight et al.，2011）、知识管理系统（Thatcher et al.，2011）和人力资源信息系统（Lippert & Swiercz，2005）等，并将技术信任定义为个体对技术功能性、可靠性和有用性的信任信念，但并未整合具有共享经济平台特征的技术应用。随着技术的不断完善和人们对信息技术的熟练运用，人们对技术自身特性的关注逐渐减少，对技术的治理价值关注逐步增多。现有研究表明，信息技术具有治理作用（Xiao et al.，2013；汪鸿昌等，2013；Vance et al.，2015）。Ae 等（2012）认为通过信息技术监视和控制用户行为有助于减少负面行为发生的概率；Vance 等（2015）指出，用户基于技术设计形成的可识别意识、监控意识和评价意识能有效增强用户的问责感，进而降低用户的违反政策行为。

总体而言，现有文献或侧重关注技术的底层设计和基础功能，或仅考虑技术对机会主义行为的治理作用，缺乏对共享情境下技术信任信念的系统性研究。同时，随着信息技术的推进，技术信任的本质在发生变化。Ratnasingham 和 Pavlou（2003）指出，随着技术的更新和变化，研究者应发展和提出新的、与现有状态相对应的技术实践，并对技术信任进行持续研究。再者，不同文化情境下的共享技术信任是否存在差异，民族文化价值观对消费者的技术信念具有显著影响（Li et al. , 2009）。

本书基于共享经济情境提出共享平台技术信任的概念，并探讨由共享平台技术产生的信任信念及其与服务提供商信任在交易过程中如何降低交易的不确定性，进而达成交易意向进行系统性研究；在现有技术信任定义和内容结构划分的基础上，结合共享经济技术应用水平等特点；将共享平台技术限定为电商或网站并发的、用以确保交易顺利实现的技术总和。遵循现有技术信任的定义，本书将共享平台技术信任定义为，用户对确保交易顺利实现的共享平台信息技术的信任信念。共享平台技术信任概念的具体界定过程，详见第三章。

（二）问题的提出

基于以上研究背景的分析与讨论，本书试图对共享经济情境下共享平台技术信任的影响作用进行探讨，该问题涉及两大研究主题：

问题一：如何界定和测量共享平台技术信任（概念和维度）？

问题二：共享经济情境下共享平台技术信任的影响作用？

问题一的提出与研究，主要对应本书第三章和第四章。共享平台技术信任作为研究问题的一个核心概念，厘清其含义和维度构成是首要工作。依据 MacKenzie 等（2011）提出的量表开发十步骤，重点分析共享平台技术信任的内涵、维度构成、测量模型和量表开发。这些不仅能够深化对共享平台技术信任的理论认识，同时对共享平台技术信任与其他变量间的关系研究起到基础性作用，直接影响第五章数据分析结果的有效性。现有研究或侧重关注技术的底层设计和基础功能，或仅考虑技术对机会主义行为的治理作用，缺乏对共享经济情境下共享平台技术产生的信任信念的系统性研究。针对以上研究盲点，提出并界定共享平台技术信任的概念，并在对概念的具体测量中综合考虑功能型技术信任和治理型技术信任，对共享平台技术信任进行系统性研究。在分析研究问题时，如果没有明确的概念界定和情景限制，其研究结论会大打折扣甚至有误。因此，基于共享经济情境探讨共享平台技术信任，通过扎根理论对消费者调研、专家访谈及二

共享经济：来自平台技术信任的研究

手资料进行分析，结合现有技术信任文献，抽取共享平台技术信任的关键特征及属性，开发共享平台技术信任的初始测项。在此基础上，明确共享平台技术信任的测量模型，并依次通过前测、正式测验和交叉效度检验，确保模型和量表的有效性，为后续共享经济情境下共享平台技术信任的影响作用研究奠定基础。

问题二的提出与研究，主要对应本书第五章。具体考虑共享情境的两个阶段：一是初次交易。现有研究已经探讨了初次购买视角下技术信任在构建服务提供商信任中的前置性作用（Pavlou & Gefen, 2004；Ou et al., 2014；谢康等，2016）。初次交易过程中由于交易双方缺乏直接的交互经历，买家对服务提供商往往是陌生的，用户对服务提供商的信任通常建立于对制度和技术环境及其他二手信息的判断。因此，初次交易过程中共享平台技术信任是影响服务提供商信任的重要前置因素。二是重复交易。现有研究对重复交易视角下共享平台技术信任的影响作用研究不足，在现有研究的基础上，着重从理论逻辑的角度探讨共享经济情境下重复交易过程中共享平台技术信任的影响作用。与初次交易不同，重复交易过程中消费者对服务提供商的判断依据主要基于以往与该服务提供商的交互经验和交易经历（Fang et al., 2014）。而经验信任对风险的评估往往取决于消费者对所处环境的判断（Hsu et al., 2014；Gefen & Pavlou, 2012）。侧重考察技术环境因素，如果消费者感知技术环境是稳定且可靠的，一手经验往往会被认为是可靠的；反之，消费者通常会怀疑以往经验的可靠性。因此，主要考察共享经济情境下重复交易过程中共享平台技术信任的影响作用问题。拓展文献，及时回答共享经济情境下重复交易过程中共享平台技术信任的影响作用，研究共享平台技术信任不同维度构成与服务提供商信任和重复交易决策间的关系。

总体而言，本书提出的研究问题既与实践问题相关，也与共享平台技术信任理论研究相关。对共享平台技术信任及其与其他变量间的关系研究不仅有助于深化对共享平台技术信任的理论认识，而且对共享企业技术设计和宣传及提高消费者交易意向具有重要的指导意义。

二、研究意义

信任是影响网络经济发展的重要因素（McKnight et al.，1998）。其中技术信任作为区别于传统信任和网络信任的重要手段，是网络信任研究的重要内容（闵庆飞等，2008；谢康和肖静华，2014）。因此，研究共享经济情境下的共享平台技术信任的测量和调节效应具有重要的理论意义和实践意义。

（一）理论意义

本书理论创新可以概括为如下两个方面：

第一，提出并界定共享平台技术信任的概念，将其分为功能型技术信任和治理型技术信任两个维度，构建共享平台技术信任测量模型并开发了测量量表，深入分析了两类技术信任对感知风险的差异性影响，拓展并深化了共享平台技术信任的理论研究。

现有技术信任文献或侧重关注技术的底层设计和基础功能，或仅考虑技术对机会主义行为的治理作用，缺乏对共享经济情境下共享平台技术产生的信任信念的系统性研究。针对现有研究盲点，提出并界定了共享平台技术信任的概念，并在对概念的具体测量中综合考虑了功能型技术信任和治理型技术信任。研究发现，功能型技术信任和治理型技术信任共同构成共享平台技术信任。深入分析了两类技术信任对感知风险的差异性影响。具体来讲，与治理型技术信任相比，功能型技术信任对感知风险的影响作用更小，因此，治理型技术信任在降低感知风险方面比功能型技术信任更重要。此外，将提出的共享平台技术信任模型与现有技术信任模型进行了对比分析，结果证明，在探讨共享平台技术信任对使用意向和感知风险的影响上，提出的共享平台技术信任模型具有更强的解释力和预测力。这些内容深化了对共享平台技术信任的理论研究和探讨。

第二，基于网络信任和混合治理理论，提出了共享经济情境下共享平台技术信任的调节效应模型，对技术信任和人际信任之间的混合治理进行探讨。

现有网络信任研究主要基于初次购买视角将技术信任视为构建商家初始信任的重要前置因素，强调了技术信任在构建商家初始信任中的重要性，而对重复购买过程中技术信任的影响作用研究不足。本书基于网络信任和混合治理理论，着重探讨共享经济情境下重复交易过程中共享平台技术信任的影响作用，提出了共享经济情境下共享平台技术信任的调节效应模型。研究发现，重复交易过程中共享平台技术信任具有调节作用，其中共享平台技术信任与认知信任呈现良好的互补关系；治理型技术信任与情感信任呈现替代关系。具体来讲，一方面，提高共享平台技术信任能够增进消费者对服务提供商的理性认知，降低消费者在购买过程中的感知风险，进而促进消费者的重复购买意向；另一方面，如果商家不断地提升技术建设，不仅导致资源的浪费，还有可能削弱情感信任在降低感知风险中的作用。本书提出的共享经济情境下共享平台技术信任的调节效应模型，拓展了共享平台技术信任的影响作用研究，对技术信任和人际信任之间的混合治理进行了探讨。

（二）实践意义

本书的实践启示如下：

在服务提供商方面：第一，发现服务提供商认知信任对重复使用意向有正向作用。结果启示，入住共享平台的服务提供商需要注重自身能力、善意和正直的建设，以增加用户对服务提供商的认知信任水平，减少自身特征对用户造成的消极影响。第二，服务提供商情感信任对重复使用意向具有正向影响。结果启示，服务提供商需要加强与用户的沟通和情感联系，通过增加用户对服务提供商的情感信任促进用户的重复使用。

在企业平台方面：第一，为共享企业或平台的技术设计提供借鉴，使共享企业或平台在技术设计和开发上进行量化分析成为可能。借鉴本书的研究思路和具体结论，共享经济企业或平台可以结合自身情况，通过技术信任问卷测量工具发掘有针对性的技术要素，在共享企业或平台的设计过程中融入该要素，提高消费者对平台的技术信任水平。第二，为共享企业或平台理解和提升消费者的共享信任，制定发展策略提供借鉴。研究发现技术信任具有重要的调节作用。一是技术信任能够增加认知信任对感知风险的负向影响。针对该结果，对技术发展较完善的共享平台，企业应对尚未与服务提供商建立情感联系的理性认知消费者，加强宣传和展示平台技术措施，强化用户对平台的技术认识。对技术发展尚不完善的共享平台，企业要想办法尽快完善平台技术。同时，对于未与消费者建立情感联系的初创型共享企业，建议注重技术投入，综合考量功能型技术和治理型技术，其中治理型技术尤为重要。通过提高消费者的技术信任，增进消费者对服务提供商的理性认知。二是技术信任能够降低情感信任对感知风险的负向影响。该结论说明情感信任与技术信任之间存在替代效应，对技术尚不完善的共享平台，可通过加强与用户的情感连接来弥补技术措施的不足，进而促进用户的重复使用。同时，对于已经与消费者建立情感信任的成熟型企业，单方面持续提升技术建设可能无法达到理想效果，甚至削弱情感信任在降低感知风险中的作用。第三，为共享企业或平台进行技术展示提供有益借鉴。如果企业针对的目标消费群体，主要是未与企业建立情感联系的理性认知消费者，企业应通过展示具有治理属性的信息技术及基于信息技术制定的措施，让消费者可以更多更深入的了解，以提升消费者的购买意向。如果企业针对的目标消费群体主要是已与服务提供商建立情感联系的消费者，建议不偏重展示治理型技术，强化与消费者之间的情感联系。

三、研究框架与技术路线

（一）研究框架

本书采用定性和定量相结合的研究方法。其中定性方法是实现理论化的过程，主要包括文献分析和扎根理论。而定量方法主要包括问卷调查和数量统计分析，通常用于检验模型和假设，是验证理论的过程。两种研究方法的结合是科学研究过程的有效保证。具体研究框架如图 1 - 1 所示。

第一，通过文献综述确定基础理论视角，提出核心问题"共享经济情境下共享平台技术信任的测量和影响作用"。

第二，通过访谈和二手资料收集，运用扎根理论抽取共享平台技术信任的维度构成，识别与研究相关的测量项目。依次通过表面效度和内容效度评估，形成共享平台技术信任的初始量表。

第三，确定共享平台技术信任测量模型和量表信效度检验。测量模型正式确定后，依次通过前测提纯、正式测验、交叉效度检验等统计调查技术，对共享平台技术信任测量模型和量表进行信效度检验。

第四，根据理论预期和文献分析构建共享经济情境下共享平台技术信任的调节效应模型，在此基础上提出相应的研究假设。基于研究开发的共享平台技术信任量表和其他相关变量的成熟量表，对模型进行理论验证进一步对假设检验进行深入讨论。对研究结论进行总结，并对理论创新和管理启示进行探讨。

（二）技术路线

根据以上研究框架，本书设计了更细致的技术路线，如图 1 - 2 所示。

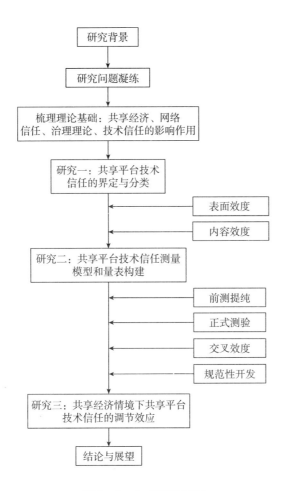

图1-1 本书研究框架

本研究选题作为一个跨学科研究问题，既受到网络信息技术应用和治理实践的启发，也得到了网络信任和治理理论的支撑。主要采用文献分析、扎根理论和问卷调查等方法，文献分析是开展研究的重要基础，用于了解理论进展、识别重要概念、展示概念间的关系并构建研究模型；扎根理论作为一种质性研究方法，通过规范的扎根程序和编码分析共享平台技术信任的结构表征和初始测项；问卷研究用于共享平台技术信任测量模型和量表的信效度检验，及共享经济情境下共享平台技术信任的调节效应模型检验。

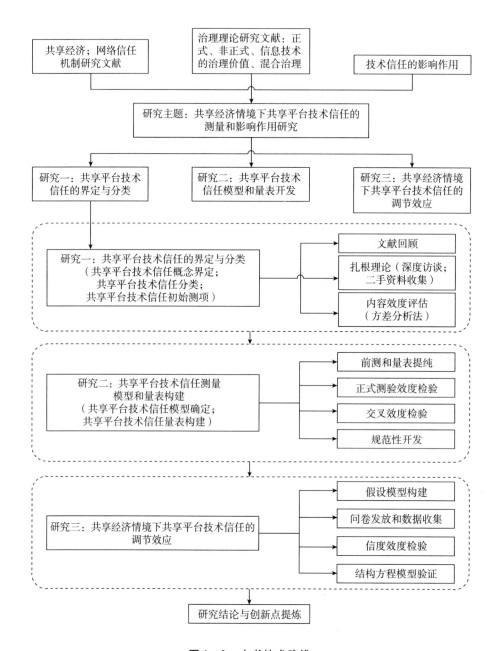

图 1-2　本书技术路线

Vaast 和 Walsham（2013）论述了互联网环境下采用定性和定量组合方法的优势与前景，指出定性和定量方法的组合应用，不仅有利于提出更具思想性和创新性的研究视角和理论，而且能检验研究所提出的假设和理论模型。两种方法的结合使用具有互补效应，有助于对研究问题建立更深刻的理解（Venkatesh et al.，2013）。对结果进行讨论和总结，通过实证结果衡量所构建的理论是否严谨和有效，并进一步提炼理论创新和贡献。

对于研究问题一，如何界定和测量共享平台技术信任，主要包括两个子研究（技术路线中的子研究一和子研究二）。其中，子研究一是共享平台技术信任的界定和分类，采用文献回顾和扎根理论（访谈和二手资料收集编码）的方法界定共享平台技术信任的概念，抽取共享平台技术信任的维度构成，依次通过表面效度和内容效度评估进行初始测量项目开发。扎根理论是一种有助于 IS 研究学者基于经验观察发展新理论的工具（Vaast et al.，2013），可以使研究人员结合灵活性和严谨性进行开创性研究（Birks et al.，2013）。子研究二是共享平台技术信任的模型构建和信效度检验。首先确定共享平台技术信任测量模型，依次通过前测提纯、正式测验和交叉验证等步骤检验模型和量表的稳定性和有效性。统计工具主要包括 SPSS 和 AMOS 软件，其中量表提纯的内容主要包括拟合度、整体概念的信效度、个体指标的信效度和剔除问题指标。量表效度评估主要包括效标效度、判别效度、收敛效度等。研究问题二是探究共享经济情境下共享平台技术信任的调节效应，对应技术路线中的子研究三。基于网络信任和混合治理等理论提出共享经济情境下的共享平台技术信任调节效应模型。采用大样本问卷调查的方式收集数据，通过 SPSS 和 AMOS 软件对样本数据进行分析。对上述三大过程中所得研究结果进一步归纳和讨论，准确描述本书的研究结论和理论贡献。

四、内容安排

第一章为绪论。主要论述研究背景、研究问题和研究意义，并简要介绍研究的框架、技术路线和整体结构安排。

第二章为文献综述，分为两大部分：一是围绕研究问题，系统梳理核心概念和理论，发现现有研究不足及有待深入的地方。二是围绕文献回顾梳理研究概念间的关系逻辑，为构建共享经济情境下共享平台技术信任的调节效应模型奠定理论基础。为全书的研究奠定了理论和文献基础。

第三章在文献综述的基础上提出并界定共享平台技术信任的概念。结合访谈和二手数据分析等研究手段探索共享平台技术信任的结构表征，初步识别初始测项指标库。

第四章是构建共享平台技术信任测量模型和量表信效度检验。在第三章的基础上，根据构成型测量模型和反映型测量模型的区别确定共享平台技术信任测量模型。并依次通过前测提纯、正式测验、交叉效度检验等对模型和量表进行检验，确定共享平台技术信任的测量模型和量表测项。

第五章是实证研究共享经济情境下共享平台技术信任的调节效应。在现有文献的基础上对研究问题的理论聚焦，进一步明确研究目标。基于网络信任和混合治理理论构建共享经济情境下共享平台技术信任的调节效应模型，并提出假设。详细描述各个概念的操作化过程与前测修订、正式问卷的形成以及样本的描述性统计，并对模型进行实证检验，包括信效度分析、假设检验和结果讨论等。

第六章为研究结论与展望。总结研究结论，阐述理论创新和管理启示，分析研究中存在的不足和局限，提出未来的研究方向。

第二章
文献综述

本章采用逻辑逆推法追溯现有文献，对共享经济、网络信任（技术信任、服务提供商信任）、技术信任的影响作用和治理理论等相关研究进行文献综述。系统的文献回顾不仅有助于梳理本书关键概念间的关系，而且有助于确定理论出发点和进一步研究方向。

一、共享经济

"共享经济"最早可追溯到美国社会学教授 Felson 和 Spaeth 于 1978 年发表的《社会结构和协同消费》中的"协同消费"这一概念，作者将其界定为"公众通过社会化网络平台连接起来，以分享闲置资源的方式完成消费"。供需双方借助中间平台进行资源的分享，不仅满足了供需双方的需求，而且提高了供方资源的利用率，促进了社会福利和效率的提升。目前，共享经济已经引起了国内外学者的重视和研究。现有共享经济主流文献主要探讨了以下几个方面的内容：①共享经济的内涵和本质（Felson & Spaeth，1978；Belk，2014；Bucher et al.，2016；余航等，2018；杨帅，2016）。②共享经济的驱动因素和影响评估（张耀辉等，2018；Hamari et al.，

2016；Thierer et al.，2015；刘奕和夏杰长，2016；谢康等，2018）。③共享经济的发展瓶颈和商业模式分析（Bardhi & Eckhardt，2012；吕通等，2019；吴光菊，2016；杨学成和涂科，2017）。并大体达成以下共识：①共享经济是信息化革命发展到一定阶段的新型经济形态，是一系列要素共同作用的结果。②信息非对称和机会主义构成共享经济负面事件频发的情境和诱因。③信任问题成为制约共享经济发展的关键因素，其中企业平台介入及其搭建的信息技术平台在构建用户共享信任中有重要影响作用；而政府政策监管、法律盲区和个人征信体制的不完善成为影响共享信任的重要因素。④结合多种治理机制、引入多主体参与形成监管合力，成为构建共享经济信任的重要方向。

二、网络信任

信任是指施信方基于受信方将执行特定行为的预期而处于弱势地位的意愿（Mayer et al.，1995），是影响电商发展的重要因素（McKnight et al.，1998）。根据信任的来源，信任机制可以分为人际信任和制度信任两种类型，即对销售人员、企业和网站制度的信任（McKnight et al.，2002）。现在迅猛发展的电商经济不同于传统经济，改变了经济社会的交易活动，网络中的技术创新也不再遵循传统经济规律（张永林，2014）。同时，随着互联网技术的发展，以往由销售人员完成的许多业务逐渐通过信息技术来实现，信息技术在信任形成过程中发挥的作用越来越显著（Thatcher et al.，2013）。因此，现有文献将技术信任、服务提供商信任和制度信任视为三种主要的网络信任机制。其中，技术信任作为区别传统信任和网络信任的重要手段，是构成网络信任的基础与前提（谢康和肖静华，2014）。

（一）技术信任

技术信任作为影响顾客网站购物的关键因素（Ratnasingham & Pavlou，2003），对共享经济的发展有着至关重要的作用，也在理论界有重要研究价值。现有技术信任的研究主要从制度、人际和技术三个视角进行。由于人际视角的技术信任与本书研究内容相关性较小，因此，该部分仅介绍制度和技术视角下的技术信任研究。

1. 制度视角下的技术信任

制度视角下的技术信任认为技术信任属于制度信任的范畴，强调技术信任包含在制度信任的范围内，是制度信任的延伸和扩展（Gefen & Pavlou，2012；Pavlou & Gefen，2004）。Ratnasingam 和 Pavlou 是基于制度视角研究技术信任的代表学者。他们以制度信任为理论基础，针对交易安全问题研究了技术信任，将技术信任定义为"对信息技术的基础设施和底层控制机制促进交易成功的信念"，并将其分为身份认证机制和有效性、不可抵赖性、可用性、机密机制、完整性、渠道控制等维度，侧重从可靠性和安全性视角来考查技术信任的形成因素，阐述了技术信任是因坚持技术标准、安全程序和保护机制在交易双方之间产生的制度信任。由此可以看出，技术信任最初关注的是信息技术的底层设计，从基础的信息技术的保护机制分析技术信任的维度，解决的是电商引入过程中的安全性担忧问题。

Tan 和 Thoen（2002）认为，技术信任通过提供情境规范促进企业间的交易，重点关注电商交易平台是否安全或是否有异常现象发生。赵学锋等（2012）将技术信任作为制度信任的一种，研究了网站制度对消费者信任的影响。Gefen 和 Pavlou（2012）将第三方支付（如支付宝和 Paypal）、信用卡担保等作为制度结构，认为对以上技术形成的制度结构能有效促进消费者对商家的信任。制度视角的技术信任强调技术信任是一种非治理结构，确保企业间交易获得以技术为驱动的情境规范，但不保证交易成功。制度视角下的技术信任虽然关注技术信任在电商交易中的重要性，但仅将技术作为一种非治理结构，并未考虑信息技术的治理价值。

2. 技术视角下的技术信任

信息技术作为一种信任对象，与人际信任间的区别成为技术信任学者探讨的内容之一。技术视角下的技术信任是在人际视角下的技术信任基础上发展的，人际视角的技术信任认为"似人技术"的信任信念包括对能力的信念、对正直的信念和对善意的信念，如推荐代理技术（Komiak & Benbasat, 2006）。Wang 和 Benbasat（2008）在对电商推荐代理的研究中，将推荐代理技术视为具有某种社会角色的行为者，进而将人际信任的研究扩展到技术情境中，将技术信任定义为人们感知信息技术的能力、正直和善良值得信任的信念。Li 等（2009）指出，信息技术不具备道德能力和意志控制。因此，对正直的信念和对善良的信念不属于技术信任的维度，可靠性作为技术使用者的基本要求，对可靠性的信念是技术信任的重要维度。McKnight 等（2011）指出，人类与计算机技术在"社会"和"技术"特征方面存在差别，作者从发生情境、信任对象和施信方期望三个方面，对技术信任和人际信任进行对比分析，提出了技术视角下的技术信任概念。从技术本身的特性出发，McKnight 等（2011）将技术信任定义为个体对信息技术的功能性、可靠性和有用性的信任信念。其中对功能性的信念是指人们相信该信息技术具备其完成任务的功能或特性的信念；对可靠性的信念是指人们相信该信息技术可以持续正常运作的信念；对有用性的信念是指人们相信该信息技术可以为使用者提供足够且及时帮助的信念。个体对技术的信任取决于个体对技术功能性、可靠性和有用性的判断。Lankton 和 McKnight（2011）在 McKnight 等（2011）研究的基础上，以"Facebook"为例，研究了对社交网站的信任。社交网站不仅具有人际特点，而且具有技术的特点。因此，个体对 Facebook 等社交网站的信任信念取决于能力—功能、正直—可靠和善意—有用间的匹配。Thatcher 等（2013）则指出电商网站承担了两种作用——促进交易和代表商家。其中，网站提供的产品搜索和对比功能有助于消费者快速定位和选择产品；而消费者对网站特征产生的积极感知使其更愿意通过该网站进行交易。技术视角下的技术信任强调消费者对技术自身特性的信任，认为技术特性是消费者对信息技术产生信任的来源。

现有研究也从技术感知易用性（Gefen et al.，2003）、感知有用性（McKnight et al.，2011）、感知可靠性（McKnight et al.，2015）、感知美观度等方面，通过考察技术信任形成因素分析技术信任的维度构成。例如，有用性，如果信息技术的功能对用户是有用的（McKnight et al.，2011），则用户通常会信任该技术；易用性，如果信息技术的功能对用户是容易使用的（Gefen et al.，2003），则用户通常会对该技术产生信任，而如果该技术使用比较烦冗复杂，用户通常会产生失落感和不满意感；可靠性，信息技术要持续稳定且可靠（McKnight et al.，2014）。如果信息技术的功能是间断且不稳定的，用户很难对其产生信任信念。总体而言，两种视角下的技术信任侧重关注技术的底层设计和基础功能，从基础的信息技术属性分析技术信任的维度。

随着技术设施的不断完善和人们对信息技术的熟练运用，人们对技术自身特性的关注不断减少，对技术治理价值的关注不断增多（Xiao et al.，2013；汪鸿昌等，2013；Vance et al.，2015）。研究表明，信息技术具有治理作用，Ae 等（2012）指出信息技术可以通过监视和控制用户的行为促进信息透明，减少负面行为。此外，Xu 等（2014）认为，网站设计会影响消费者的认知情感响应，进而影响消费者对推荐代理的信任信念。Vance 等（2015）研究了信息系统界面设计对机会主义行为的治理作用。结果表明，网站界面设计能有效提高用户的可识别性意识、监控意识、评估意识及社会临场感，进而提升用户的问责感，降低用户机会主义行为的发生概率。电商信息技术的治理作用是通过信息技术对卖家进行监督和控制产生治理价值的过程，向消费者传达能够保障其权利的信号，进而使消费者产生积极的信任信念。

3. 技术信任的测量

在测量方面，技术信任主要采用间接测量的技术方法，也有学者采用直接测量法，如实验法。鉴于直接测量法在操作技术上存在一定缺陷，目前多数研究学者采用间接测量法。间接测量法主要指调查问卷法，通过测量技术信任的来源反映技术信任的水平。Pavlou 和 Ratnasingham（2003）将跨组织的技术信任的测量维度分为安全结构（身份认证机制和有效性、不可抵赖性、可用性、机密机制、完整性、渠道控制）和最佳商务实践等，或通过反馈机制、第三方支付或信用卡担保等对技术结构的感知有效性进行测量（Gefen & Pavlou, 2002）。Komiak 和 Benbasat（2006）及 Wang 和 Benbasat（2008）以"似人"的技术为研究对象，将技术信任的维度分为对能力的信念、对正直的信念和对善意的信念。在此基础上，McKnight 等（2011）通过间接法测量信息技术自身所具有的特征，将技术信任的维度分为对功能性的信念、对可靠性的信念和对有用性的信念。Lankton 和 McKnight（2011）以 Facebook 为例，认为此类技术信任包括三个维度，分别是对功能—能力的信念、对有用—有益的信念、对可靠—善意的信念。

综上所述，现有技术信任文献或侧重关注技术的底层设计和基础功能（Ratnasingnam & Pavlou, 2003；Wang & Benbasat, 2008；McKnight et al., 2011），或仅考虑技术对机会主义行为的治理作用（Xiao et al., 2013；肖静华等，2014；Karhade et al., 2015；Wu et al., 2015；Vance et al., 2015），缺乏对共享经济情境下共享平台技术产生的信任信念的系统性研究。技术的推进是否会改变技术信任的本质，Ratnasingham 和 Pavlou（2003）指出，随着技术的更新和变化，研究者应发展和提出新的、与现有状态相对应的技术实践，并对技术信任进行持续研究。此外，不同文化情境下的技术信任是否存在差异。研究人员指出，民族文化价值观对消费者的技术信念具有显著影响（Li et al., 2009）。综上，共享经济情境下的电商技术信任缺少系统且成熟的理论和方法，仍需要进行新的探索。

（二）人际信任（服务提供商信任）

人际信任是人际交往的产物，基于人际交往关系中的理性算计和情感关联，现有研究主要将人际信任划分为认知信任和情感信任两个维度（Mcallister, 1995）。信任方与被信任方之间的关系强度决定双方的信息了解程度，进而影响信任方对被信任方的信任。信任主要通过个体间的频繁互动进行建立和深化，常依赖良好沟通和对误解的排除。网络人际信任作为人际信任的维度和网络信任的类型，兼具人际信任和网络信任两种特性（赵竟等，2013）。Naquin 等（2003）将网络人际信任定义为，在有信任风险的网络人际互动过程中，个体基于他人言辞和行为进行决策的程度。Ho 等（2012）在现有人际信任的基础上，将网络人际信任分为认知信任和情感信任两个维度。其中认知信任指在互联网情景下，信任方对被信任方知识、能力和可靠性的认知判断和理性期望（Komiak & Benbasat，2006；Lewis & Weigert，1985）；情感信任指在互联网情景下，信任方依赖被信任方之间形成的、以情感关系为基础的信任信念（Lewis & Weigert，1985；Swan et al.，1999）。在陌生、关系疏远或间接互动的情境中，个体多形成认知信任；而在熟悉、关系密切或直接互动的情境中，个体往往通过特征信息形成认知信任，并通过频繁的互动经验形成情感信任。现有网络人际信任研究认为，基于社会线索减少理论和社会临场理论，在网络交往中，有限的网络通常会导致社会线索（特别是听觉和视觉线索等）的缺失。因此，在网络人际信任中，个体主要以认知信任为主，而非情感信任。对商家的信任更是如此，由于买卖双方存在利益关系，消费者对商家形成的信任多为对其个体特征的认知信任。

网络人际信任的认知性是以网络交往特点为基础，如社会线索的缺失等。随着网络信息络技术的发展，如语音视频、照片等社会线索的逐步丰富，随着匿名性的减弱和社会线索的日渐增多，网络人际信任逐步产生消费者对商家的情感信任。因此，当前研究观点与网络发展现状间可能存在滞后或脱节现象。U&G 理论认为网络购物可能为消费者带来多种好处，其中不仅包括社会需求的满足，还包括心理或情感需求的满足，即为参与者提供愉悦的经历和舒适感（殷国鹏和崔金红，2013），如"粉丝经济"。而现有网络服务提供商信任研究多侧重对商家的认知信任，较少探讨基于交易互动形成的情感信任研究。

在技术信任和服务提供商信任间的关系研究中，现有学者认为，在初始购买阶段技术信任是服务提供商信任形成的重要前置因素。例如，Ou 等（2014）对电子商务情境下的交流技术的有效使用在商家关系信任中的作用进行了实证研究，结果发现交流技术的有效使用通过互动和临场感有效促进服务提供商信任和快关系的形成。谢康等（2016）研究了在线品牌社区中技术信任对商家初始信任的影响研究，结果表明技术信任通过信息共享和知识学习影响成员间的人际信任进而通过信任转移至服务提供商信任。Benlian 和 Hess（2011）对在线虚拟社区中的 IT 特征信号对使用者信任感知（服务提供商信任和系统信任）的直接影响关系进行了探讨。以上研究都证明了技术信任在初始购买过程中对构建服务提供商信任的重要影响作用。那么在重复购买过程中，消费者与服务提供商的具体交易经验成为消费者购买决策的重要来源时，技术信任与服务提供商信任间的关系研究成为技术信任和人际信任交叉研究的理论创新方向。

（三）网络信任的研究路径

McKnight 等（1998）在对网络初始信任的研究中指出，网络信任由制度信任、认知过程、信任信念、信任动机、信任倾向五个构面组成。其中信任倾向影响制度信任，信任倾向、制度信任和认知过程共同影响信任信念，信任倾向、制度信任和信任信念同时影响信任动机。信任倾向是指信任他人的一般意愿，通常不受环境的影响，主要包括信任立场和对人性的信心。对人性的信心指相信他人通常是值得信任的。信任立场指一个人相信其他人在与自己互动时都是好意的、可靠的。基于制度的信任是指一个人相信法律规章与商业和技术环境有助于促进消费者的行为成功，具体包括结构保证和情境规范，其中结构保证是指电商消费者相信保护性机制，如保证、合同、规章程序和承诺等有助于促进行为成功；情境规范指电商消费者相信环境有利于自己行为成功。认知过程包括分类过程和对控制过程的想象，其中分类过程分为单元分组、声誉归类和刻板印象。单元分组指个体认为其所在群体中的成员比群体外的成员信任度高；声誉归类指个体的声誉越高就越值得信任；刻板印象主要包括对性别等的固定偏见和看法。对控制的想象指当个体处于不确定环境中时，会放大或缩小自身能影响对方的程度。信任信念包括能力、善意、正直和可预见性四个维度。

在以上信任研究的基础上，McKnight 等（2002）为电商信任构建了一个跨学科的信任概念模型。他们认为电商信任是由信任倾向、制度信任、信任信念和信任动机四个层面的概念组成，以上四个概念的学科基础分别源于心理学、社会学和社会心理学。考虑到电商的特有特征，他们在模型中加入了商家的介入和信任行为。其中信任倾向是信任他人的一般意愿，包括对人性信任和信任立场。制度信任也被称为"结构保证"，是指电商消费者相信制度安排（如法律契约、承诺、保证和规章制度等）可以促进行为成功的可能性。制度结构为消费者提供了一个可靠安全的电商环境（Pavlou & Gefen，2004）。信任信念指电商信任方相信被信任方具有至少一种对自身有利的特质，包括能力、善意、诚实和可预见性。其中对能力的信任是指信任方相信被信任方有能力满足自己的需求；对善意的信任指信任方认为被信任方会按照符合信任方的利益行动；对诚实的信任是指信任方相信被信任方会公正地处理信任方的个人信息并履行他的承诺；对可预见性的信任会使信任方相信被信任方的行为具有前后一致性和可持续性。信任动机指无论是否可以有效控制被信任方，信任方都愿意依赖他人的倾向，包括依赖他人的意愿和依赖他人的主观概率。Web 商家的介入指互联网商家通过制定网站安全措施来提高消费者对商家的信任，包括隐私政策、第三方图表等。信任行为是信任产生的结果，包括购买产品和提供个人信息等。

Shankar 等（2002）认为影响电商信任的因素主要包括网站特征、用户特征和其他特征（Bart et al.，2005；Shankar et al.，2002；Shankar et al.，2002）。其中网站特征包括隐私安全、信任标志、退款政策、信息及时性等；用户特征包括过往交易经验、对互联网的感知和理解等；其他特征包括企业可信度、规模、声誉、网上媒介、对企业的依赖、员工服务、沟通等。电商信任的结果包括行为动机、满意度、忠诚度和电商企业绩效。其中，行为动机主要有对电商企业的态度、风险感知、购买意愿和与电商企业建立长期关系的意愿；满意度和忠诚度包括重复购买、忠诚度、满意度和承诺等；企业绩效主要有收益、网站流量等。而电商信任主要是对商家可靠性、能力和善意等的信任信念。在信任影响因素的研究中，Kim 等将技术作为信任的维度之一，认为技术是保证网上交易安全有效的信息系统和软件，主要包括技术安全、系统特性（功能和有益等）。Kim 和 Prab-hakar（2004）及 Kim 等（2005）将电子商务交易过程视为买卖双方、第三方和技术间的相互作用，认为信任是一个不断积累的过程。

综上所述，电商信任研究主要由三类构件形成：一是影响电商信任形成的因素；二是电商信任的表现特征与机制；三是电商信任的结果（谢康和肖静华，2014）。其中，产生电商信任的前因研究主要涉及消费者个体、商家、网站或技术、制度四类因素的分析。其中消费者个体的因素包括消费者信任倾向、消费观念、以往经历、风险偏好、个体的认知能力和知识等。消费者的信任倾向对服务提供商信任有着直接影响（Salam et al.，2003，2005；管益杰等，2011）；商家的因素包括商家的规模、声誉、品牌和服务能力等（Gregg & Walczak，2010；周黎安等，2006）。例如，商家提供的服务水平及处理顾客不满或投诉的能力影响消费者对商家的信任；良好的品牌形象有助于提升消费者对商家的信任度进而提高消费者的购物意向。网站或技术的因素包括网站或技术有用性、易用性、安全性、客观性、技术质量以及网站的可访问性、兼容性、有趣性和信息传送的及时性和正确性等。例如，感知技术安全影响消费者的风险感知及其对网络技术的采纳等信任行为。安全性包括技术隐私安全和功能安全，显然，安全性是技术角度对于技术功能的描述，它构成了技术应用的基础。安全性高，消费者才更愿意使用技术进行网络购物；相反，安全性低，技术就限制了消费者的技术应用程度，无法进行网络购物或消费者之间的进一步互动交流。安全性对于技术使用具有基础性作用。而从技术的角度，技术的安全其实也是信息的安全，信息的安全构成了交流和隐私的安全。客观性对系统使用的影响体现在行为的对称性上。如果系统记录的信息是买卖双方都能看到的，消费者共享的信息和知识，其他消费者也能看到；商家无权修改消费者共享和评价的信息，其他消费者也无权修改这些信息，这样的系统就是均衡的。正是技术带来的确定性，使消费者通过技术特征构建主观技术感知，进而影响消费者的技术使用和信任。制度因素包括第三方机制（Pavlou & Gefen，2004）、信用卡认证等。

现有电商信任类型的研究中主要有两种观点：一是将电商信任分为制度信任和人际信任两种（McKnight et al.，2002）；二是将电商信任分为技术信任、人际信任和制度信任三种（闵庆飞等，2008）。持第二种观点的学者认为电商信任是随着互联网和计算机的出现而产生的，与传统信任相比，存在一定的特殊性，需要考虑网络信息技术对电商信任的影响，并由此提出了技术信任或系统信任的概念。

电商信任的结果主要体现在具体行动上，如购买、提供个人信息、听从商家建议或推荐网站给他人等（鲁耀斌和董圆圆，2005）。在此基础上，谢康和肖静华（2014）对电商信任的结果进行了更为全面的总结，电商信任的作用主要体现在三个层面：一是心理感知层面，如风险感知和价值感知、满意度和忠诚度（邓朝华等，2010；盛天翔和刘春林，2008；王凤艳等，2011）等，信任可以降低消费者的不确定性，减轻消费者的风险感知进而提高消费者的购买意向（张耕和刘震宇，2010）；二是实际行为层面，如信息共享、知识学习和实际购买行为等，信任可以促进消费者向商家提供个人信息，也可以促进虚拟社区或其他社交媒体中成员间的信息共享和知识学习，还可以促进消费者的进一步购买行为；三是宏观影响层面，主要有社会资本、产业创新和社交网络等，如网络信任行为数据为现代信息服务业提供了数据基础，影响了现代服务业的发展（肖静华和谢康，2010；邹宇春等，2012），社交网络信任能有效影响网络用户的社会资本（谢康和肖静华，2014）。

三、技术信任的影响作用研究

现有电子商务情境下的信任研究主要将技术信任视为构建商家初始信任的重要前置因素，强调了初次购买过程中技术信任在构建商家初始信任中的重要性。在电商领域，Steinauer 等（1997）考察了认证机制提高消费者信任的路径，认为认证机制通过有效的追溯机制将交易与个体或组织实体联系起来，进而提升用户的问责感知。Pavlou 和 Gefen（2004）将技术作为制度结构的一种，研究了部分技术信任（反馈机制、第三方支付等）在初次购买过程中对购买意向的影响。谢康等（2016）考察了在线虚拟社区中技术功能特性对人际信任的影响作用，研究发现对技术功能特性的信任能有效提高人际间的信息共享和知识学习进而影响人际信任。以上研究表明，消费者对电商技术环境的感知会影响顾客的初始交易关系，在初次购买过程中，买家对卖家通常是陌生的，技术信任对服务提供商信任的形成具有重要的前置作用。此时，买卖双方由于缺乏直接的交易经历，消费者对商家的信任主要建立在制度和技术环境及其他二手信息的基础上。因此，现有研究表明，网络情境下，初次购买过程中技术信任是影响服务提供商信任的重要前置因素，但对重复购买过程中电商技术信任的影响作用尚不清晰。重复购买过程中的消费者与商家已经建立了交互经验，与商家的直接交易经历成为消费者对商家做出判断的主要决策依据（Fang et al.，2014），而非消费者对其他信息的判断。假设重复购买过程中消费者主要依赖一手经验评估对商家的信任，而经验信任对风险的评估往往取决于消费者对所处环境的判断（Hsu et al.，2014；Gefen & Pavlou，2012），即以往的经验是否可以作为判断依据主要受环境的影响。本书侧重考察电商技术环境因素，如果消费者感知技术环境是稳定的，一手经验往往会被认为是持续可靠的；而如果消费者感知环境是不稳定或容易产生波动的，消费者通常会怀疑以往经验的稳定性和可靠性。一手经验对风险感知的影响取决于消费者对技术环境的判断。

同时，与制度信任研究相比，现有电商技术信任的研究相对不足（Gefen et al.，2008；Fang et al.，2014；Gefen & Pavlou，2012）。Gefen 等（2008）考察了初始购买过程中制度机制的有效性对消费者购买决策的影响作用；Gefen 和 Pavlou（2012）考察了信任对购买决策影响的制度边界条件；Fang 等（2014）考察了重复购买情境下制度机制有效性的调节效应分析。与发达国家相比，人们对制度信任的水平相对较低（Ou et al.，2014），使得在线交易更加依赖人际信任（Martinson，2008）和技术信任。在当今竞争白热化的共享经济环境下，顾客对商家的信任逐渐成为一个必要因素而非促进顾客交易意向的充分条件（Gefen & Pavlou，2012；Liu & Goodhue，2012；Van der Heijden et al.，2003）。商家塑造和维持值得信任的形象不再是独特的竞争优势，而是商家维持运行的必需品（Fang et al.，2014；Barney & Hansen，1995）。因此，在制度信任难以有效发挥作用的社会环境下（Ou et al.，2014；谢康等，2016），技术信任作为一种风险减轻机制，在重复购买过程中和基于经验的服务提供商信任之间的关系是怎样的，以及两者如何影响消费者的重复购买意向成为学术界和实践界广泛关注的研究课题。

四、治理理论

Macneil（1980）指出不同的市场交易需要有不同的治理手段，其中分离式交易需要建立以法律条文等为基础的正式契约来治理；而关系式交易需要建立在以人际信任、柔性等为基础的非正式关系来治理。Huber 等

（2013）提出了正式治理机制和非正式治理机制概念模型，认为正式治理是建立在包括权威、法律、合同协议、政策计划和管理程序的基础上，主要包括契约和规则，可以明确地界定缔约双方的权利和责任；非正式治理主要包括关系信任、承诺、互惠等因素，对于合作各方的参与热情、承诺和风险承担行为有较大影响。

（一）正式治理

正式治理以契约治理为主，被广泛应用于经济社会的各个领域（Cohen，1932；Holmstrom & Milgrom，2015）。这种基于法律条文或契约精神建立的正式治理机制被称为正式治理。在市场机制下，大部分交易都是在正式制度和契约的保障下完成的。正式治理的研究者认为，交易双方的信息不对称和交易过程的不确定性使交易过程中经常出现机会主义行为。例如，人们在合作过程中通常会采取"搭便车"或投机取巧等机会主义行为，导致交易双方协作无法正常进行，因此通过正式治理可以最小化交易风险和机会主义行为。通过外部强制性手段约束合作伙伴的行为可以有效降低机会主义行为的发生概率，使交易双方行为更加规范化。正式的制度治理不仅是供应链领域中的重要治理手段，也是共享经济领域的重要治理手段。正式制度和契约通过界定交易双方的责任、权利与义务来构建良性的买卖关系，防范机会主义风险，确保共享经济市场的正常进行。在共享经济的研究中，正式的制度可以规范电子交易行为，制度的完善健全程度（法律法规、制度和第三方认证等）直接影响消费者的安全感知。企业与社会之间存在契约，企业社会契约又可分为企业内部契约和企业外部契约。企业内部契约主要是企业对内部员工和管理者的责任与保证；而企业外部契约主要包括企业对消费者、其他企业、公众和政府的社会契约。其中企业对消费者的社会契约主要指产品或服务的经济契约关系，以及企业要维护消费者权益和平等交易的契约。

然而，由于认知能力的局限，缔约方和制定者不可能在事前对未来行为进行准确的预期，因此很难在法律制度或合同中明确规定对未来所有预期事件的可能解决办法。因此，Maskin 和 Tirole（1997）界定了完备契约与不完备契约的概念。他认为由于信息的不对称性和外部环境的不确定性与不可预知性以及个人的有限理性，使得契约和制度在制定时就是不完备的。在交易过程中，环境发生了很大的变化，就容易导致机会主义行为的发生，同时契约无法保证交易双方关系的连贯性，使得契约治理的适应性不足。不完全契约理论揭示了契约治理的不完备性，同时为探讨其他治理机制如何与契约治理形成互补提供了理论指导（Banker et al.，2006；肖静华和谢康，2010）。现有正式治理研究为了解决契约或制度的不完备性，往往侧重如何改善制度或契约内容本身（Bakos & Brynjolfsson，1993）。综上所述，正式治理构成网络治理的基础，但是鉴于契约和制度的不完备性尤其是治理情景的差异性，应当充分发挥关系和信息技术的治理作用。

（二）非正式治理

许多学者意识到交易治理不仅包括正式治理，还包括以关系规范为代表的非正式治理。Macneil（1980）认识到契约不完备性和签约方的特征在关系契约中的作用，在对比两类不同市场交易即分离性交易和关系性交易时，指出人与人之间的交易都是嵌入在复杂的社会网络中进行的，而这些非正式的复杂关系形成了关系契约。关系契约是指那些在交易双方中形成的涉及特定行为的社会规范，这些规范使交易即使在没有制度约束的情况下也能顺利进行。后来许多学者将这些关系型规范称为关系治理，而这些关系规范的功能则被称为治理作用，关系规范能有效降低交易双方的风险感知和交易成本，促进双方交易的达成。随后，不同领域的学者对关系契约进行了相关研究，其中经济学家多采用博弈论的方法分析如何使关系契约最优化，并解释了为什么在没有正式契约内容和权威控制的情况下，却没有发生严重的机会主义行为；而管理学家在经济学研究的基础上结合社会学的研究，多分析关系契约中的治理行为。因此，现有治理研究不仅强调关系型规范还强调关系型规范的作用与结果，多围绕关系型规范和关系型结果进行前因后果式的研究（Das & Teng，2001）。当交易双方都遵循相应的关系规则时，产生关系行为规则，形成治理机制。

关系型规范主要包括人际信任、柔性、声誉、信息交换等因素。关系信任作为最基础的关系型规范，是关系治理中一种有效的治理机制，在关系治理领域的文献中出现频率非常高。信任是有效降低交易或合作对象感知风险和不确定性的关键因素（Gefen & Pavlou, 2012；林家宝等，2010）。信任被引用最广泛的定义是 Mayer 等（1995）提出的，他认为信任是"基于对被信任方的期望将完成信任方重要的特定行动，信任方愿意接受被信任方行动可能导致的伤害，而不考虑监控被信任方的能力"。通常买方被认为是把自己置于一个容易受伤害情形之中的一方。关系信任的前因非常广泛，Zucker（1986）根据信任的产生机制不同，将信任分为三种：一是基于制度的信任，即信任的产生源于正式社会结构或可信的第三方机构，这种机构主要包括专业服务机构或中介服务机构和法律法规等交易约束机制；二是基于特质的信任，如由家庭情境、种族归属和性别或国籍等相似的特质所产生的信任；三是基于过程或交往经验的信任，由过去的交易或重复购买经验等交换行为产生的信任，该信任强调买卖双方之间的交互（Chang et al., 2013）。在网络市场中，由于计算机和互联网的存在，基于技术的信任随之产生，这种信任的客体为信息系统或信息技术等。Ou 等（2014）展示了由以计算机为媒介的交流技术的使用产生的互动和临场感对服务提供商信任和关系的影响。Pavlou 和 Gefen（2004）展示了基于制度的信任对于构建有效的网络市场的影响，其研究表明基于制度的信任直接影响对商家的信任，进而影响消费者的交易意向。不同的信任产生机制产生的原因有所不同，而不同的信任机制之间也可能相互影响。

关系型规范的结果主要体现在具体行为上，不同领域的信任表现的行为结果有所不同，在供应链领域多体现为制订计划、联合解决问题和联合研发等行为，在电商领域多体现为购买、提供个人信息、听从商家建议或推荐网站给他人等（鲁耀斌和董圆圆，2005）。相关研究的诸多学者也做出了很多有益的贡献，如 Griffith 和 Myers（2005）研究了信息共享、团结、信任等关系型规范对交易双方合作意愿的影响。结果表明，不同社会文化情境下，不同的关系型规范对交易双方的合作意愿有不同的影响。其中在日本交易双方的信息共享可以提升合作意愿，进而提升战略适应性，而在美国则不然。因此，两作者认为交易双方的关系型规范与所处文化情境间的匹配会促进交易的成功。Ou 等（2014）在研究交流技术的有效使用在购物网站中发挥的作用时，指出与欧美国家相比，关系和信任对电商市场的成败起着关键性作用，信任促进买卖双方快关系的形成，信任和快关系共同促进消费者的重复购买意愿，进行提升消费者的实际购买行为。

综上所述，关系治理在降低交易成本、减少机会主义行为、促进冲突解决、增强合作方面有重要作用。关系治理研究为企业进行电商治理提供了强有力的理论支持和实践指导，但是单一的关系治理不足以成为消费者做出购买决策的万能药，是否存在其他方式的治理模式，既能弥补正式治理客观存在的缺点，又能保留关系治理的优点，有待研究者和管理者进一步研究。

（三）信息技术的治理价值

随着信息技术的发展及技术使用程度的加深，人们在关注信息技术基础功能的同时，逐渐关注信息技术的治理价值和内在价值观（Vance et al.，2013）。信息技术代表着设计开发者、投资者及使用者等广泛利益群体的价值期望。人们对技术内在价值的感知对技术使用和价值实现有着非常重要的作用。因此，个体对技术的理解成为解释和衡量信息技术及其作用的关键变量。

现有研究考查了信息技术所代表的本质属性和价值观的作用，认为信息技术具有治理作用，能有效抑制合作方或商家的机会主义行为，进而促进消费者对信息技术产生积极的感知和理解，如技术信任或技术契约等。在供应链领域，肖静华（2009）基于委托代理理论，提出并界定了供应链信息系统网络中的技术契约概念。从技术契约的视角考察了供应链信息系统网络的价值创造机制。企业间信息系统类似契约，有助于降低企业间的交易成本，促进企业间的运作协同。在以上研究的基础上，程兆麟等

(2012)进一步考察了信息技术在契约治理对供应链质量管理影响中的调节作用,深入分析了信息技术与契约的相互关系。结果发现,信息技术通过信息透明和信息可追溯两大功能与契约形成了有效的替代和互补,契约与信息技术形成的混同治理机制能更好地限制供应链上的机会主义行为。汪鸿昌等(2013)基于当前中国频繁出现的食品安全问题,考察了基于信息技术与制度安排相结合的食品安全治理研究。研究发现,通过信息技术带来的信息透明和信息可追溯可以部分解决不完全契约导致的问题。信息技术与契约构成的混合治理机制,比单一方式更能有效地确保食品安全。Gregory等(2015)进一步研究了供应链信息系统的二元治理价值。

在电商领域,Steinauer等(1997)考察了认证机制作为一种信息技术对消费者信任的影响作用。研究发现,认证机制通过有效的追溯机制能有效将交易行为与行为个体或组织实体相联系,进而提升个体或组织实体的问责感。Gefen等(2003)发现,信息技术会抑制商家的机会主义行为,进而降低商家违规行为的发生概率。如果消费者感知商家实施欺骗或机会主义行为会一无所获,那么消费者会对商家和电商产生信任。Pavlou和Gefen(2004)将技术作为制度结构的一种,考察了IT使能(由信息技术支持或促进)的制度机制对网上信任的影响作用。研究表明,在网络法律机制尚不健全的情况下,市场驱动机制具有不可忽视的作用。Ae等(2012)指出,信息技术可以通过监视和控制用户的行为促进信息透明,进而减少负面行为。此外,Xu等(2014)指出网站设计会影响消费者的认知情感响应,进而影响消费者对推荐代理的信任信念。Vance等(2013,2015)考察了网站的界面设计对用户违规行为的影响。研究发现,网站的界面设计(身份认证、监控和评价系统)可以使用户产生可识别性意识、监控意识、评估意识和社会临场感,进而提高用户的问责感,抑制违规行为的发生概率。

综上所述,电商信息技术发挥治理作用的机制在于,通过信息技术对用户的行为进行监督和控制,向用户传达能够保障其权利、限制机会主义行为的信号,进而使用户产生积极的信任信念。信息技术监督和控制的对象包括用户的使用行为和使用结果（Kirsch, 1997）。其中对使用行为的控制主要体现在对交易过程中机会主义行为的监控上，控制的透明性有助于增加用户对交易过程的掌握，提升交易成功的信心；结果控制主要体现在对中间结果及反馈的及时处理上，有效的反馈处理可以使用户对交易的进展有所了解（Nicolaou & McKnight, 2006）。

（四）混合治理

现有混合治理研究多集中在正式治理和非正式治理的混合以及将信息技术作为一种治理模式与正式治理形成的异质性混合。Rai 等（2012）、Rai 和 Tang（2013）认为正式治理与非正式治理之间具有替代关系，即选择一种治理机制会破坏另一种治理的实现能力，或一种治理机制会削弱另一种治理机制的治理效果。当信任加强时，交易双方对正式治理的依赖就会降低。研究显示，过于依赖契约治理，合作双方就会产生不信任，抑制关系治理的使用（Rai et al., 2012）。Lacity 等（2009）认为正式治理和非正式治理之间呈现互补关系，即在一个有风险的环境中，正式治理和非正式治理的混合使用比单独治理更有效。例如，信任可实现交易双方更灵活的交互，对交易中出现的突发状况起到缓冲作用，可以弥补制度或合同的不完备，减少机会主义行为的发生和交易双方的风险感知。还有学者认为不能简单地以替代或互补来描述正式治理和非正式治理间的关系，在不同的功能和情境下，两种治理方式可能存在相互作用（Rai et al., 2012）或因果联系（Huber et al., 2013）。当合作环境发生冲突时，非正式治理通过弥补正式治理的不足促进双方交易的正常进行，而在制度环境不规范或制度无法发挥作用的情况下，非正式治理显得尤为重要。Gefen 和 Pavlou（2012）研究了电商情境下制度和关系信任间的关系研究，结果表明，当制度有效性低和高时，信任对交易行为都不存在影响；只有当制度有效性为中度时，信任对交易行为才产生作用，关系信任和制度有效性之间存在替代关系。Fang 等（2014）研究了市场整体制度机制的感知有效性对服务提供商信任和重复购买行为之间的调节作用影响。实证结果表明，制度机制的感知有效性在基于经验的信任和重复购买意向之间起负向调节作用，展示了正式治理与关系治理在重复购买情境下的替代作用。

此外，还有一些研究人员将信息技术作为一种治理模式或辅助工具与其他治理模式相混合进行研究。程兆麟等（2012）将信息技术的特征分为信息透明和信息可追溯两个部分，探讨了信息技术的治理价值及其对传统契约影响。实证研究发现，信息透明与契约治理构成替代作用，而信息可追溯与契约治理构成互补作用。汪鸿昌等（2013）通过规范数学模型，展示了信息技术与契约之间的互补作用逻辑机理。冉佳森等（2015）通过案例分析提出了基于信息系统的平衡治理机制，构建了信息系统作用下的关系和契约的混合治理框架，并实证检验了信息系统对关系治理和契约治理的交互作用。

综上所述，现有混合治理的研究主要集中在正式治理和非正式治理间的混合以及将信息技术作为一种治理模式与正式治理间的混合，较少探讨信息技术与非正式治理间的混合，尤其在中国这样一种制度机制难以有效发挥作用的情景下，研究关系治理与信息技术治理间的混合有着重要意义。

五、总结性评价

本章文献综述主要有两方面的作用：第一，梳理现有研究成果和有待深入的研究方向，为本书提供研究导向和理论问题；第二，梳理可能用到的理论逻辑和理论基础，为本书提供理论视角。本书以电商信任、治理理论和技术信任的影响作用等文献为基础，对共享经济情境下重复购买过程中共享平台技术信任的调节效应进行研究。基于以上文献梳理，我们对文献及相应的拓展方向进行了总结。

首先，现有文献或侧重关注技术的底层设计和基础功能，或仅考虑技术对机会主义行为的治理作用，缺乏对共享经济情境下共享平台技术产生的信任信念的系统性研究。同时，随着信息技术的发展与推进，技术信任的本质已发生改变。总体而言，现有共享平台技术信任的概念和测量仍需要进行深入的研究和探索。

其次，现有网络信任研究主要基于初次购买视角，探讨了技术信任在构建商家初始信任中的重要性，将技术信任视为构建商家初始信任的重要前置因素。而对重复购买视角下，消费者与具体商家的交易经验成为判断对服务提供商信任的重要来源时，共享平台技术信任的影响作用研究不足。

最后，现有混合治理研究主要聚焦于正式治理和非正式治理间的混合以及将信息技术作为一种治理模式与正式治理形成的异质性混合治理方面，对基于信息技术与非正式治理形成的异质性混合治理的探讨相对较少。在电商信任间的关系研究中，主要侧重不同购买过程中制度信任与服务提供商信任间的关系的探讨，或初次购买过程中技术信任与服务提供商信任间的关系探讨，缺乏对重复购买过程中共享平台技术信任与服务提供商信任间的关系研究。

本书将在现有研究的基础上，根据上述理论方向进行拓展，并尝试探讨共享经济情境下共享平台技术信任的测量和调节效应。

第三章

共享平台技术信任的概念
界定和测项开发

现有研究或侧重关注技术的底层设计和基础功能（Ratnasingnam & Pavlou，2003；Wang & Benbasat，2008；McKnight et al.，2011），或仅考虑技术对机会主义行为的治理作用（Xiao et al.，2013；Vance et al.，2015），缺乏对共享经济情境下共享平台技术产生的信任信念的系统性研究。针对以上研究盲点，本章基于现有技术信任文献，通过消费者调研、专家访谈及二手资料收集获取相关资料，采用扎根理论发展了共享平台技术信任的概念，提炼了共享平台技术信任的关键要素和构成维度并开发了初始测项，归纳出相对饱和的理论，为第四章构建共享平台技术信任的测量模型和第五章分析共享经济情境下共享平台技术信任的调节效应奠定基础。

一、共享平台技术信任的概念界定

（一）概念界定的具体要求

现有量表开发的步骤存在以下局限：①无法重复定义概念的范围；②无法准确地确定测量模型；③未有效利用现有构建概念效度的技术

（MacKenzie et al.，2011）。因此，MacKenzie 等（2011）在整合现有概念界定和量表开发文献的基础上，提出了一个完整的概念界定、测量开发和效度检验的过程步骤，如图 3 - 1 所示。本书参照该步骤，开发共享平台技术信任的概念、维度和量表，对共享平台技术信任进行系统性研究。共享平台技术信任测量开发的严谨性不仅有助于共享企业或平台进行有效的技术设计和评估，而且深化技术信任的理论研究和探讨。

　　第一步是概念界定，即对共享平台技术信任的概念进行界定。MacKenzie 等（2011）和 Devellis（2011）认为，核心概念定义的缺失会增大检验阶段的测量误差。因此，MacKenzie 等（2011）对如何发展一个合格、充分的概念进行了详细说明。首先，检查核心概念在以往文献中是否已研究。该阶段的主要任务是对以往核心概念的理论研究（如相关概念的定义）和实证研究进行回顾。其次，确定概念的定义范围，即概念的本质。该阶段的主要任务是识别概念的属性，包括实体和属性类型。例如，工作满意度的实体是人，一般属性是对工作的积极感知；感知技术易用性的实体是人，一般属性是对技术使用的感知和信念。再次，尽可能严谨地描述概念的充分和必要属性，如独特属性和共同属性（明确目标概念与其他相近概念间的区别）；单维或多维（确认核心概念包含的内部成分）；个体或群体（明确理论概念的层次，即研究对象所处的层次）。如果概念定义在个体层次，那么数据来源应该是个体。研究测量需反映个体的认知和判断，在测量中使用"我认为"之类的表述。概念的解释和说明决定了概念的测量层次，以及如何收集和分析研究数据。最后，用清晰、精练的词语对目标概念进行界定。

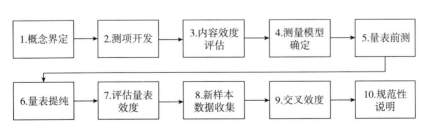

图 3 - 1　MacKenzie 等（2011）的量表开发十步骤

（二）技术信任文献及界定

现有文献或侧重关注技术的底层设计和基础功能（Ratnasingnam & Pavlou，2003；Wang & Benbasat，2008；McKnight et al.，2011），或仅考虑技术对机会主义行为的治理作用（Xiao et al.，2013；Vance et al.，2015），缺乏对共享经济情境下共享平台技术产生的信任信念的系统性研究。同时，随着信息技术的推进，技术信任的本质已发生变化。Ratnasingham 和 Pavlou（2003）指出，随着技术的更新和变化，研究者应发展和提出新的、与现有状态对应的技术实践，并对技术信任进行持续研究。对于不同文化情境下的共享平台技术信任是否存在差异，Li 等（2009）的研究表明，民族文化价值观对消费者的技术信念具有显著影响。Ou 等（2014）指出，中国文化情境下交流技术的有效使用对服务提供商信任和快关系的形成具有重要促进作用。因此，在现有文献分析的基础上，本书提出并界定了共享平台技术信任的概念，在对概念的具体测量中，综合考虑功能型技术信任和治理型技术信任，深化拓展了技术信任的理论研究。具体文献分析如表 3 - 1 所示。

表 3 - 1　技术信任的测量内容和方法

测量内容	解释	研究方法	文献来源	研究对象
真实性、认证性、机密性、不可抵赖性、访问控制机制、可用性和最佳商务实践	基于技术担保等机制，以提供可靠交易为目的，及时准确地完成数据交换	调查问卷	Ratnasingam 和 Pavlou（2003）	B2B 电商网站
认证、不可抵赖、机密性、隐私保护和数据完整性	个体对网上保护机制的信任信念	调查问卷	Suh 和 Han（2003）	网上银行
加密和隐私保护技术	技术信任源于系统信任	调查问卷	Pennington 等（2003）	电商网站
感知有用性、感知易用性、兼容性、隐私、安全、规范和自我效应	关注网站信任	调查问卷	Vijayasarathy（2004）	B2C 电商网站

续表

测量内容	解释	研究方法	文献来源	研究对象
感知反馈机制的有效性、感知第三方支付的有效性、感知信用卡担保的有效性	将技术作为制度结构的一部分	调查问卷	Pavlou 和 Gefen（2004）	电商网站
可视化设计（图形设计、结构设计）、内容设计和社会提示设计	将网站设计作为一种信息技术	调查问卷	Wang 和 Emurian（2005）	电商网站
感知网站质量（主要指网站展示缺陷，包括较差的格式、不完整和错误）	将网站质量作为一种信任来源	实验研究	Everard 和 Galletta（2005）	电商网站
中间传输媒介的质量、接口和内容的设计、安全、数字认证、公钥编码、授权、诚实及系统的特性（善意、可预测性）等	信息系统和软件特性用于保证网上交易的安全	调查问卷	Kim 等（2005）	电商技术维度
网站吸引力（感知易用性和感知愉悦）、网站可用性（感知易用性和感知控制）	个体对电商网站的初始信任	调查问卷	Wakefield 等（2004）	电商网站
网站设计	个体对电商网站的信任	调查问卷	Song 和 Zahei（2005）	电商网站
启发分析阶段（视角吸引力、导航等）；网站内容评价阶段（内容深度等）；长期关系阶段（交互性，如通信技术等）	用户对网站的阶段性信任	调查问卷	Salam 等（2005）	电商网站
对能力的信念、对善意的信念和对正直的信念	个体对信息技术具体属性的信任信念	实验研究	Wang 和 Benbasat（2008）	信息技术实体
导航结构、可视性吸引、易用性等影响对移动商务应用的信任	个体对信息技术具体属性的信任信念	调查问卷	Vance 等（2008）	移动商务应用
Wap 网站（网站设计、网站的人性化、容易进入和浏览等）、无线网络（连接稳定性、速度等）和移动设备（界面质量、输入输出等）	消费者对移动技术的信任信念	调查问卷	闵庆飞等（2008）	移动商务网站

续表

测量内容	解释	研究方法	文献来源	研究对象
电子身份认证	个体对电子政务网站的信任信念	文献分析	Seltsikas 和 O'Keefeet(2010)	电子政务网站
对功能性的信念、对可靠性的信念和对有用性的信念	个体对信息技术具体属性的信任信念	调查问卷	McKnight 等(2011)、Thatche 等(2011)	信息技术实体，如 excel 软件
交流技术的有效使用	买家相信交互技术有效使用会促进买卖双方交流	调查问卷	Ou 等（2014）	交流技术如阿里旺旺等
可识别性意识、监控意识、评价意识和社会临场感	界面设计可以提高用户的问责感	实验研究	Vance 等（2015）	网站界面设计
感知信息担保	感知信息担保影响系统正直、有效和可信性的评估	调查问卷	Park 等（2015）	医疗信息系统
交互界面设计（如身份认证）	交互界面设计影响用户信息安全行为	调查问卷	Paul 等（2016）	移动设备
感知有用、感知易用性、监控持续性和反馈有效性	用户对基础设施和控制机制的主观信念	调查问卷	谢康等（2018）	共享平台
统筹考量了功能型技术信任和治理型技术信任的内涵，对电商技术信任进行更为系统的研究	用户对确保交易顺利实现的电商信息技术的信任信念	扎根理论与调查问卷	本书研究	共享平台

本书研究共享经济情境下的共享平台技术信任。在现有技术信任定义和内容结构划分的基础上，结合共享平台技术应用水平等特点，将共享平台技术限定为共享平台或网站开发的、用以确保交易顺利实现的技术的总和。遵循现有技术信任的定义，将共享平台技术信任定义为，用户对确保交易顺利实现的共享平台信息技术的信任信念。

（三）样本选择

本书以 Airbnb 作为收集数据的平台，研究共享平台技术信任的概念和测量。Airbnb 不仅在全球范围内引领共享经济的发展，而且在面对我国本土众多强劲竞争对手的局势上仍能成功扎根，其背后一定蕴藏着可靠的技术保障。因此，本书试图依托 Airbnb，对共享平台技术产生的信任信念进行探索，构建共享经济情境下共享平台技术信任模型，进而为共享经济信任研究做出贡献，为企业设计技术保障提供建议和指引。同时，根据国家信息中心分享经济研究中心发布的《中国共享经济发展报告（2020）》，2019 年是我国共享经济深度调整的一年。受到国际国内宏观经济下行压力加大等多种因素影响，共享经济市场交易规模增速显著放缓，直接融资规模大幅下降。2019 年共享经济市场交易额为 32828 亿元，比上年增长 11.6%；直接融资额约 714 亿元，比上年下降 52.1%。而作为共享经济的独角兽 Airbnb，在面对多个竞争对手的情境下，截止到 2019 年 9 月，链接了全球超过 10 万座城市，上线的房屋存量有 700 万套，通过 Airbnb 平台出租房屋的用户已经累计赚取了 800 多亿美元。不管是海外还是中国，Airbnb 都是共享经济的成功先驱。对我国共享经济发展而言，Airbnb 无疑是一个值得分析的成功案例。另外，选择一家具体网站的原因在于，特定情境下的概念界定和测量开发有助于信息系统研究的理论发展（Hoehle & Venkatesh，2015）。因为特定情境下的研究可以为理论构建和知识创造提供更加丰富的视角（Alvesson & Karreman，2007；Bamberger，2008；Hong et al.，2013）。Benbasat 和 Barki（2007）呼吁学者构建具体的信息技术理论模型，以便针对信息技术的实施和设计等提供更具实际意义的建议。本书在共享平台技术信任定义的基础上，结合现有文献、访谈和二手数据分析，开发共享平台技术信任的问卷测量工具。共享平台技术信任的准确限定和解释推动了技术信任的理论发展。

二、测量项目开发

核心概念界定后，接下来对其进行操作化。第二步是测量项目开发（MacKenzie et al.，2011），即初始题项的构建与精练。该阶段研究者需要发展出足够多的测量题项，使测项足以涵盖概念的理论边界。Clark 和 Waston（1995）认为，该阶段发展出的测量题项应比目标概念涵盖的范围更广。在没有充分把握时，初始测项可以包含一些最后被证明是无关紧要的，甚至与目标概念不相关的内容。如果该阶段发展的测量题项无法充分体现所要测量的概念和现象，任何定量分析都无法弥补，而发展出来的无关题项却可以通过定量分析删除。

（一）数据收集：访谈和 Airbnb 规则等二手资料

本书通过访谈和二手资料等途径进行数据收集。其中访谈主要收集消费者的原始数据和专家的专业知识。为了避免有限访谈可能带来的数据不完整，进行了二手资料的收集，通过多样化数据来源，保证数据间的相互补充和交叉验证（Yin，2014）。其中二手资料主要包括网站资料，如Airbnb网站规则、开店规则等。然后采用扎根理论方法分析数据，初步提炼共享平台技术信任的可能维度。该阶段主要通过开放性编码、主轴性编码及卡片归类等分析数据，并在分析过程中识别概念的属性和维度。

Airbnb，又叫爱彼迎，成立于 2008 年 8 月，总部位于美国加利福尼亚州旧金山市，是全球公寓民宿在线预订平台。作为一个连接有空房出租的房主和旅游人士的服务型网站，Airbnb 为房东和房客搭建在线沟通和交易平台，用户可通过网络或手机应用程序发布、搜索度假房屋租赁信息并完成在线预订。截至 2018 年底，Airbnb 在全球 190 多个国家 8.1 万多座城市拥有线上房源数量超过 500 万间，每晚入住人均数超 200 万，累计房客超 4 亿人次，被时代周刊称为"住房中的 Ebay"，因而成为共享住宿市场的领导者。分享住宿帮助解决了闲置房源，拉动直接就业近万人。Airbnb 于 2015 年 8 月进入中国市场，2019 年 7 月 Airbnb 发布的《2019 夏日旅行白皮书》指出，2019 年上半年，爱彼迎中国区业务增速不减，保持近三倍增长，中国已成为海外分享住宿消费的快速增长型市场。Airbnb 的成功在很大程度上要归因于 Airbnb 对服务提供商的管控。Airbnb 规则的目的是维护网站平台正常经营秩序和保障用户的合法权益。本书对爱彼迎规则的关注主要侧重基于技术的管控措施。例如，用户身份认证，注册成为房东需要通过身份验证。该技术主要用于实现个体身份和店铺间的对应。再如，第三方支付，Airbnb 让用户采用自身熟悉的第三方支付系统进行支付以提高用户的归属感等。Airbnb 规则等二手数据对构建共享平台技术信任的概念是合适的。笔者曾考虑过使用其他研究人员或机构出版的技术可信性指南，但鉴于共享经济的具体情境及 Airbnb 在共享住宿市场中的领军地位，认为关注 Airbnb 中基于技术的管控措施是适用的。

1. 被访者基本特征

在对现有文献进行梳理和归纳的基础上，为了更好地了解共享平台技术信任的内容，获取消费者的感性认知及行为倾向，研究人员必须直接接触消费者，获取最具有体验性和真实性的一手资料。本书课题组于 2017 年 9～10 月对 Airbnb 的消费者进行了访谈，以便对相关变量进行探索性研究。被访者的基本特征如表 3-2 所示，访谈方式包括面对面和电话等。

表 3-2　消费者访谈人员的情况

对象	姓名	性别	学历	年龄（岁）	职业
1	杨女士	女	专科	25	牙医
2	张先生	男	硕士	29	高校行政人员
3	谢先生	男	博士生	27	在校博士生
4	刘先生	男	硕士	29	部门主管

对象	姓名	性别	学历	年龄（岁）	职业
5	杨女士	女	本科	19	在校大学生
6	王先生	男	博士	29	大学讲师
7	吴先生	男	硕士	33	事业单位员工
8	李女士	女	本科	29	国有企业职员
9	靖女士	女	博士	31	大学讲师
10	袁女士	女	本科	31	自主创业
11	杨女士	女	专科	31	自主创业兼公司职员
12	杜女士	女	专科	30	自主创业兼公司职员
13	陈女士	女	本科	34	高中教师兼自主创业
14	贾先生	男	专科	30	自主创业
15	谢先生	男	本科	22	在校大学生

注：根据调查行业尊重隐私的规则，隐去了被访者的全名。

访谈不仅是基础性的，而且是有指向性的谈话，是收集原始数据较为重要的常见方法。在访谈过程中，研究者可以向主要访谈对象提出有关某些事件的事实性与观点性问题。在某些情况下，研究人员可以请求受访者将自身观点用事件形式描述出来，作为进一步询问的基础。受访者的角色类似信息提供者，不仅有助于研究人员获取受访者对某一问题的见解，而且可以帮助研究者获取相关或相反的资料（Yin，2014）。访谈开始前，研究人员设计了一系列开放的描述性问题，并对问题加以聚焦和处理，以便问题探讨可以更加细致深入。在访谈结构上，结合松散的引导式探究和半结构化问题聚焦两种方式（刘世雄等，2014）。为了增强理论构建的解释力，在访谈对象的选择上分别对性别、年龄、职业等人口统计学变量进行合理操控，以满足访谈对象在购物经验、个体特征及社会阶层上的差异性。考虑到被访者的理解能力和网上购物频率等，并未抽取60岁以上的人群作为访谈对象。

2. 访谈提纲

结合现有研究观点和研究目的，我们在研究团队头脑风暴的基础上制定了用户访谈提纲。用户访谈提纲的内容主要包括：①请被访谈者讲述，在 Airbnb 上的具体预订住宿经历和对 Airbnb 的整体感知；②请被访谈者讲述，愿意在 Airbnb 上预订住宿的原因；③请被访谈者讲述，Airbnb 中有哪些与用户紧密相关的技术；④请被访谈者回忆，Airbnb 通过哪些技术对个体或组织行为进行规范和约束；⑤请被访谈者讲述，房东失信和违规时，Airbnb 会采取的相关惩罚措施。每位被访谈者的访谈时间约为 1 小时。

在访谈过程中，研究人员会询问至具体细节，以期获得更深层次的含义。同时，我们要求研究人员尽量避免诱导式提问，但必要时可对访谈主题进行引导，以使整个讨论围绕课题重点展开。本书按照以下标准对访谈记录归类整理：①逐一排除访谈记录中无实质性内容和被访者由于语言习惯所讲的无效话语，如一些常见的感叹词和连接词等；②排除不文明的用语和句子；③删除与研究主题无关的内容；④在前三条标准下，尽量保证访谈记录的完整性和原创性。

为了精确对共享平台技术信任的理解，确保开发条目的内容效度，本书课题组于 2017 年 11 月 ~ 2018 年 1 月对 10 名信息技术（IT）方面的专业人士进行访谈，对所获条目的适用性进行分析，其基本特征如表 3 - 3 所示。结合现有文献的观点和研究目的，课题组在团队头脑风暴的基础上制定专家访谈提纲。专家访谈提纲的内容主要包括三个方面：①共享平台技术信任的标准是什么？②与共享平台技术信任准则有关的关键词有哪些？③与共享平台技术信任准则相关的关键词的描述内容有哪些？每位被访谈者的访谈时间约为 1 小时。具体而言，首先，邀请 2 名有从业经验的 IT 高管和 3 名从事共享经济研究的专家对共享平台技术信任的标准和关键词进行分析，并对获取的条目进行甄别。再邀请另外 2 名有从业经验的 IT 高管和 3 名从事共享经济研究的专家，对提炼的技术信任标准和条目进行再次甄别，以便精确地提炼共享平台技术信任的标准和关键词，提高所获条目的内容效度。根据专家反馈，对表述不清和有歧义的条目进行修改，对共享平台技术信任的标准和关键词进行凝练。

表 3 - 3   IT 专家访谈人员的情况

对象	姓名	性别	学历	年龄（岁）	职业
1	谢老师	男	管理学博士	52	教授
2	肖老师	女	管理学博士	42	副教授
3	王老师	女	管理学博士	43	教授
4	张老师	男	管理学博士	37	副教授
5	吴老师	男	管理学博士	30	副研究员
6	冉老师	男	管理学博士	30	讲师
7	郭先生	男	管理学博士	48	IT 高管
8	赖先生	男	管理学博士	31	IT 高管
9	宛先生	男	管理学博士	36	IT 高管
10	刘先生	男	工学硕士	32	IT 高管

注：根据调查行业尊重隐私的规则，隐去了被访者的全名。

3. Airbnb 规则等二手资料

尽管访谈是研究资料的重要来源，但访谈对象数量有限且主要为口头陈述，难免存在遗漏、描述不清或偏见等问题。因此，在专家访谈和消费者调研的基础上，本研究系统回顾了 Airbnb 规则等二手资料，以期获取更丰富的数据；对访谈数据和二手资料进行系统分析，对文本意义进行理解和解释，从中发现共享平台技术信任的性质、发生的情景及相关概念的关系，通过扎根理论对数据资料进行编码，以提高共享平台技术信任的概念效度和内容效度。

（二）基于扎根理论的数据分析

扎根理论最关键的步骤是资料收集和分析。Corbin 和 Strauss（2014）将资料分析称为编码，是指在资料收集的基础上，研究人员对资料进行分解，对现象进行指认和概念化提炼，再对提炼的概念重新抽象、提升和聚类（综合），以形成相关概念单位和核心概念单位的操作化过程。本研究采用扎根理论的规范流程，依次通过数据收集、开放性编码、主轴性编码等核心步骤，对原始资料进行分析和重点处理，形成概念结构和量表的初始内容，为后续测量模型的构建和实证研究提供理论基础。其中开放性编码用于识别概念，在原始数据中发现概念的属性和维度，形成子类别；然后使用主轴性编码，将开放性编码按照相似或不同进行归类。

采用扎根理论对数据资料进行汇总和编码。具体编码工作分为两步：第一步，开放性编码，对数据资料进行汇总并概念化提炼，在数据中发现概念属性和维度；第二步，主轴编码，对前期提炼的概念、类别、属性和维度进行聚类归纳，形成相关概念单位。

1. 开放性编码和主轴编码

被识别的开放性编码，如附录所示。我们将开放性编码进行归类，对内容相似的编码进行总结，形成子类别；再使用主轴编码，将子类别归类为相关概念单位。以"对视觉吸引力的信念"为例，说明编码矩阵的具体过程。通过对访谈记录和 Airbnb 规则等二手资料的分析，识别了四个开放性编码：①网站的颜色或图像（网站视角上，如颜色或图片）是令我感到享受的；②我认为网站字体或图像的比重是均衡的；③当我第一次看到网站主页时，我认为该网站开发人员是专业的；④我认为整个网站的外观是恰当的。将以上开放性编码进行归类，形成子类别"感知视觉效果好"；再使用主轴性编码，将其归类为"对视觉吸引力的信念"。按照此方法，对访谈记录和二手资料进行编码分析，并对编码资料进行组织，形成矩阵以压缩编码信息。通过矩阵的方式压缩编码信息有助于研究人员对访谈资料和二手资料进行总结。编码和归类由笔者和美国某高校信息系统专业的中国籍博士生共同执行。该博士生身居海外，有着丰富的 Airbnb 租房经验和专业的 IS 研究知识，同时擅长质性研究。该博士生对访谈记录、二手资料和相关编码结果进行回顾。当笔者与该博士生对编码结果意见不统一时，再溯源至原始文件，共同讨论以达成一致。对于无法达成共识的编码结果，邀请两位对该研究领域不熟悉的、具有管理学博士学位的 IS 研究人员参与讨论以便达成共识。尽管以上两位研究人员属于管理学领域，但并不是共享平台信任方面的专家，不熟悉该研究领域的文献。之所以选择两个不熟悉技术信任文献的研究人员，目的在于从编码中获取无偏反馈（Hoehle et al.，2015）。在编码的过程中，如果发现初期编码不准确，会进行相应修正。

2. 编码结果与文献间的关联

本书将主轴性编码结果与现有技术信任文献关联，结果发现，主轴性编码结果与现有文献在部分内容上存在重叠，如附录所示。最左侧一栏是通过编码识别的概念；第二栏是从访谈、二手资料和以往研究中识别的开放性编码结果；第三栏和第四栏是与概念相关的研究文献。例如，访谈结果发现，在考察共享平台技术信任时，应该考虑网站本身的特征，同时，现有网络信任研究将网站作为一种技术，分析了网站特征对网站信任的影响（Vance et al.，2008；Wells et al.，2011）。因此，访谈结果和以往研究都认为网站的功能型技术是产生技术信任的重要来源。Airbnb 规则等资料的分析结果发现，共享网络平台需要考虑用户身份认证，尤其对服务提供商而言。身份认证使用户产生问责感，可有效降低用户的违规行为（Vance et al.，2015）。当无法从现有文献中识别某些概念时，访谈和其他数据来源可以帮助我们确定概念内容。总体而言，从访谈资料、二手资料及现有文献中共析得 13 个关键概念。

3. 概念界定

我们分别对 13 个一阶概念进行解释（MacKenzie et al.，2011；Hoehle et al.，2015）。一阶概念及其解释，如表 3-4 所示。

表 3-4 一阶概念及其解释

一阶概念	解释
对视觉吸引力的信念	用户相信网站在视觉上有吸引力的信念
对架构布局的信念	用户相信网站布局清晰的信念
对数据保存的信念	用户相信网站能自动保存数据的信念
对交流技术使用的信念	用户相信交流技术能为其与服务提供商信息交互提供支持的信念
对内容相关的信念	用户相信网站能为其提供相关内容的信念

续表

一阶概念	解释
对搜索功能的信念	用户相信通过网站搜索能搜寻到所需商品或信息的信念
对第三方安全认证的信念	用户相信网站有安全信任标识的信念
对机密性的信念	用户相信网站会通过加密技术确保数据安全的信念
对交易支付的信念	用户相信网站支付是熟悉且安全的信念
对用户身份认证的信念	用户相信网站会通过身份认证技术完成用户身份验证的信念
对监控的信念	用户相信网站能对服务提供商进行监管以确保交易正常进行的信念
对权限控制的信念	用户相信网站能对服务提供商的违规行为做出处罚和限制的信念
对声誉反馈机制的信念	用户相信网站评价系统能对服务提供商进行有效约束的信念

概念的概念化过程即识别高阶概念。该阶段是量表开发过程中非常关键和重要的一环（MacKenzie et al.，2011）。如果不同概念具有相似特征或共同主题时，研究人员需要从理论上将这些概念提取，以形成高阶概念。为了识别潜在的高阶概念，仔细分析表 3-4 中概念之间是否具有相似特征，并对各个概念对应的文献进行回顾。为了获得无偏估计，我们邀请了两位对研究内容不熟悉的 IS 研究人员，为他们分别提供 13 张卡片，每张卡片上写有一个关键概念及其解释。然后将卡片的归类结果与笔者识别的高阶概念相比较。在与其他研究人员充分讨论后，共识别出 5 个二阶概念。表 3-5 是识别的二阶概念及其解释。

表 3-5　二阶概念及其解释

二阶概念	解释
对网站设计的信念	用户相信该网站设计良好和专业的信念
对网站效用的信念	用户相信该网站能服务其目的的信念
对网站安全的信念	用户相信网站安全稳定的信念
对技术监督的信念	用户相信该网站通过信息技术能对服务提供商进行有效监督的信念
对技术控制的信念	用户相信该网站通过信息技术能对违规服务提供商进行控制或责任追究的信念

（1）对网站设计的信念。对网站设计的信念是指用户相信电商网站设计良好和专业的信念。首先，对视觉吸引力的信念代表了用户认为网站在视觉上有吸引力的信念。例如，对字体颜色和大小、段落间距、列表位置及图像颜色和大小等网页元素的整体信任感知（Everard & Galletta，2005）[①]。网页视觉元素是用户进入网站接触到的第一要素，对网站的感知有用性和使用满意度具有重要影响作用。其次，对架构布局的信念。Cyr（2008）以及 Hausman 和 Siekpe（2009）在探讨网页颜色和字体等视觉元素的基础上，同时考虑了架构布局对用户信任的影响。例如，导航结构，导航是网站设计需要考虑的重要方面。网站不仅需要突出导航使用户方便查找，而且需要将网页链接和谐地融入网站设计中，并按照重要性进行有序排列，以便整个操作具有连贯性。最后，对数据存储的信念是用户相信网站能自动保存数据的信念。Steinbart 等（2016）指出，积极的反馈会鼓励用户继续采纳安全行为，而消极的反馈则会使用户抵触安全行为。当用户从一个电子屏幕转换到另一个电子屏幕时，如果网站要求用户将自身账户存储的数据再次输入，尽管有助于提高数据安全的概率，却降低了满意度进而导致用户对网站产生不信任感（Adipat et al.，2011）。

（2）对网站效用的信念。对网站效用的信念是用户相信电商网站能服务其目的的信念。例如，对内容相关的信念代表了用户相信网站会为其提供相关和所需内容的信念。网站对与用户相关的内容关注度越高（Venkatesh & Agarwal，2006；Venkatesh & Ramesh，2006；Venkatesh et al.，2003），用户获取自身需要的产品和服务的概率越大。网站构建的主要目的是满足客户需求、实现内容相关（Hess et al.，2009；Hong et al.，2004；Wells et al.，2011）。例如，网站推荐系统，通过分析用户的行为方式和喜好特征，实时推荐用户需要的产品和服务以提高用户的信任和满意度。对交流技术使用的信念是用户相信交流技术能为其与服务提供商的信息交互

---

① 访谈结果表明，在考察共享平台技术信任时，应该考虑网站本身的特征。同时，现有网络信任研究将网站作为一种技术，分析了网站特征对信任的影响（Vance et al.，2008；Wells et al.，2011）。

提供支持的信念。用户通常将信息交互作为技术有效性的重要特性（Hess et al.，2009；Ou et al.，2014），如 Airbnb 中通过点击了解房东页面联系房东，进而发消息给房东进行信息交互。用户在预订过程中，如果对预订产品或服务等存在疑虑，可以使用该软件与服务提供商及时交流。交互技术不仅有助于用户获取更高的社会体验，而且为用户向服务提供商针对购买产品提出问题和疑虑提供交流平台（Ou et al.，2014；Chakraborty et al.，2002）。对搜索功能的信念是用户相信通过网站搜索能搜寻到用户所需商品或信息的信念。用户能否及时搜索到自身需要的信息或商品直接影响着用户的体验和满意度（Hess et al.，2009；Wells et al.，2011）。用户感知搜索到目标的成功率越高，采纳该技术的可能性越大（Hoehle et al.，2015）。

（3）对网站安全的信念。对网站安全的信念是指用户相信网站安全稳定的信念。例如，对第三方安全认证的信念是用户相信网站有安全信任标识的信念。当用户相信网站有安全信任标识时，通常会认为该网站已经通过第三方安全认证审核，是一个可信且可靠的网站（Kim et al.，2005；Lee & Tuban，2001）。网站的稳定与安全是提升用户信任的必备条件，对电商的成功和发展具有重要作用。对机密性的信念代表了用户相信网站会通过加密技术确保数据安全的信念，如 Airbnb 构建名为 Cipher 的服务用语解决敏感数据加密问题。Cipher 提供中央集权式管理机制，对所有加密动作进行监控和锁定，只允许授权了的客户端访问，需要客户端每次请求时进行授权验证，同时选用 Amazon 的 Kms 进行加密秘钥。网络数据加密是用户比较重视的内容。当用户相信网站对其网络数据进行加密时，通常会感知自己的账户密码及其他个人信息是安全的（Ratnasingam & Pavlou，2002；McKnight et al.，2002；Suh & Han，2003）。例如，在用户与银行网站对接的过程中，通过加密技术对付款信息进行加密，确保用户与服务器之间的通信在网络传输过程中是安全的，可以提高用户的安全信念。对交易支付的信念是用户相信网站交易支付是熟悉且安全的信念，如爱彼迎，对于中国客户提供支付宝等支付系统。不同文化和地区的消费者对支付方式的熟悉程度不同，他们往往更愿意选择自身熟悉的支付方式进行支付。另外，消费者将货款付给交易双方之外的第三方，当服务提供商将服务提供给购买方，且买方对提供的服务满意时，支付系统才会将货款付给服务提供商。如果买家发现货不对板，可以选择拒绝付款，退还订单（Pavlou & Gefen，2004；Bart et al.，2005）。同时，交易支付工具有助于解决用户归属感和信任问题。因此，对交易支付的信念有利于提高用户的网站安全感知。

（4）对技术监督的信念。对技术监督的信念是指用户相信网站通过信息技术能对服务提供商进行有效监督的信念。对用户身份认证的信念是用户相信网站通过身份认证技术完成用户身份确认的信念。网上进行交易的买卖双方都需要进行实名注册。例如，在 Airbnb 上一个身份信息只能创建一个账户，通过系统对重复账号进行检测，当检测到重复账户时，用户账户会被封锁。创建人的身份信息与熟悉的银行账号相结合，实现"一人一账号"以实现个体与其行为结果间的对应（Vance et al.，2013）。当个体意识到自身行为可能被追溯时，倾向于履行自身愿意且能够负责的行为（Lerner & Tetlock，1999）。因此，用户的可识别意识有助于降低反社会行为的发生概率，如社会惰化（Chen et al.，2014；Williams et al.，1981）和纵火（Reinig & Mejias，2004）等。相反，当个体匿名或无法被识别时，个体承担责任的意愿则大为降低。可识别性与"去个体化"密切相关，"去个体化"是指个体认为其行为无法与自身相对应的信念（Jessup et al.，1990）。研究发现，个体的去个体化感知越高，受社会规范的控制越小，反社会行为越多（Jessup et al.，1990）；反之，去个体化感知越低，可识别感知越高，反社会行为越少（Diener et al.，1976）。匿名性是产生去个体化现象的关键因素。个体的匿名程度越高，对自身行为负责的信念越低（Lowry et al.，2013）。Siponen 和 Vance（2010）研究了 IS 情境下的去个体化现象。如果多个用户共享同一登录凭证，系统则无法将行为与具体责任人相联系。匿名会导致难以判断用户的行为归因，而身份认证则能将个体与其行为结果相关联。因此，用户对身份认证的信念能有效提高用户对技术监督的信念。对监控的信念是用户相信网站会对商家进行监管以确保交易正常进行的信念。共享平台存在监控系统，能对登录用户及用户使用系统的情况进行监控，如哪些用户使用了系统、进行了哪些操作、操作的次数、登录及退出系统的时间等。该技术的目的在于追踪买卖双方的交易过程。一旦发现非法或有超越网络授权的行为，监控系统会记录行为人的登录用户名、IP 地址、登录日期和时间等信息，并查询该用户曾经潜入系统内部的痕迹。监控技术能有效追溯电商交易过程中的各类信息，掌握买卖双方的交易动态，追踪查询交易过程。

（5）对技术控制的信念。对技术控制的信念是指用户相信网站通过信息技术能对违规服务提供商进行控制或责任追究的信念。技术控制的作用在于通过技术手段对违规的共享参与者进行控制或责任追究，使消费者相信在线交易是有保障的。对技术控制的信念具体包括对权限控制的信念和对声誉反馈机制的信念。对权限控制的信念是用户相信网站会对服务提供商的违规行为做出处罚和限制的信念。权限控制的具体表现形式包括：①取消用户在共享平台中的某些使用功能；②在特定时间内取消用户的使用权限；③永久取消用户的使用权限并将该用户列入黑名单，使其无法参与平台活动。用户对权限控制的信任信念越高，其感知网站对违规参与者进行惩罚的概率越大。对声誉反馈机制的信念是用户相信网站评价系统能对服务提供商进行有效约束的信念。在线声誉反馈机制主要用于对共享参与者的过往行为和交易进行评价。其他用户可以依据已有的交易评价信息，对服务提供商做出判断，并决定是否与对方产生交易行为。该措施对服务提供商具有威慑作用，不仅能有效提高服务提供商的评价忧虑（Geen，1991），使交易行为朝社会期望的方向发展（Hochwarter et al.，2007）；而且能提高服务提供商的自我关注（Sedikides et al.，2002），使服务提供商为了维持良好的形象避免做出机会主义行为（Baumeister，1982）。Sedikides 等（2002）认为用户的自我关注越高，感知自身行为与社会标准间的差距越大。

随后，进一步考虑二阶概念是否可以通过三阶概念来表示。依然邀请识别二阶概念的两位 IS 研究人员，提供 5 张卡片，每张卡片上写有一个二阶概念及其解释，要求他们对卡片进行归类。然后将归类结果与笔者识别的高阶概念相比较。在充分讨论后，识别出 2 个三阶概念。其中，对网站设计的信念、对网站效用的信念和对网站安全的信念属于功能型技术信任；对技术监督的信念和对技术控制的信念属于治理型技术信任。表 3 - 6 是三阶概念及其解释。

表 3 - 6　三阶概念及其解释

三阶概念	解释
功能型技术信任	用户相信该网站技术功能设计良好和有用的信念
治理型技术信任	用户相信该网站技术能有效监督和约束机会主义行为的信念

（三）测量项目开发

开发测量题项的思路有演绎法和归纳法两种。演绎法是研究者通过整合已有文献对概念进行定义，确认测量指标应涵盖的范围。在此基础上，通过自身对概念的了解，发展或改编现有测项，以实现对概念的操作化（陈晓萍等，2012）。这是一种"由上而下"的量表开发模式（Hinkin & Tracey，1999）。归纳法是研究者并不充分了解目标概念的具体内容、结果以及操作时所需要的测量题项，需要通过访谈、二手数据收集等定性方法去获取概念的内容和结构。在测量题项开发的过程中，研究人员从访谈和二手资料等途径中获取开放性编码是非常关键和有用的。Hinkin 和 Tracey（1999）认为与演绎法相比，该方法更像是一种"自下而上"的量表开发模式，适合发展特定研究情境下的量表。以上两种方法既可以结合使用亦可以单独使用，但必须从研究对象的角度出发，而非想当然地认为包含哪些维度。本书结合两种方法：首先，通过定性的方法（访谈和二手资料等）收集与研究问题相关的内容，如核心概念的内容和结构；其次，和其他研究人员整合已有研究文献，从中发现相似概念，识别与研究相关的项目以辅助开发初始测项。归纳法和演绎法的结合使用不仅能使量表有效贴近具体研究情境，还可以保证量表的内容效度（陈晓萍等，2012）。在访谈记录、二手资料分析和以往研究文献的基础上，本书共设计了共享平台技术信任的概念内容 67 个初始项目。

我们对设计的初始项目进行表面效度检验。表面效度是指测试项目从表面上看是否有效，测试题目与测试目的是否一致（Chan & Schmitt，1997）。表面效度并非真正的效度，人们容易将其与内容效度混淆。表面效度是对测验进行表面上的检查，而内容效度是对测验进行详尽、系统的评价（Chan & Schmitt，1997）。前者只考虑测验项目与测验目的之间显而易见且直接的关系，后者则同时考虑测量项目、测量目的与总体内容之间本质逻辑的联系。例如，阅读理解能力的测试包括许多调查对象无法理解的方言词汇，则该份测试被认为缺乏表面效度。当测量项目从未进行过测试或从"零点"进行开发时，表面效度检验是非常有用的（Devillis，2011；MacKenzie et al.，2011）。表面效度关注测量项目本身，不要求调查对象对项目进行排序或作答（Hoehle et al.，2015）。本书邀请了 6 位志愿者对初始条目的表面效度进行检验，其中包括华南地区某高校的 2 名博士生、2 名硕士生和 2 名本科生。为了确保检验人员能理解测量项目的内容，参与表面效度检验的志愿者全部是 Airbnb 的用户。我们将共享平台技术信任的 67 个初始测量题项，以纸质或邮件形式发送给他们，要求他们认真检查所有题项，并评估题项的清晰度。为了方便发现有问题的测量项目，我们要求评估人员对措辞模糊或编写有误的项目进行标注。最后，评估人员共发现 10 个模糊不清的测量题项。笔者与研究团队的 2 名博士生认真核查了这些被标注的项目，经过讨论并修改，保留了其中 5 个项目，剩下62 个测量题项。

三、内容效度评估

（一）方法选择

第三步是内容效度评估，即对项目的内容效度进行检验，这是建立概念效度的必要前提。内容效度又称逻辑效度，是指测验项目对所要测量的概念内容范围的代表性程度（Haynes et al.，1995）。MacKenzie 等（2011）认为，研究人员评估内容效度需要考虑以下两个问题：①单一测项是否具有代表性，是否恰当地代表了概念内容的某一方面；②所有的测量项目作为一个整体，能否代表概念的整体内容，完全涵盖研究对象的理论边界。如果所开发的量表在内容上无法充分反映概念，内容效度会受到质疑。大多数研究人员多采用定性方法对量表的内容效度进行评估，即通过一组专家对概念测量是否符合概念内容进行主观判断（MacKenzie et al.，2011；Hoehle et al.，2015）。近年来，研究人员逐步采用定量方法对量表的内容效度进行评估，如 MacKenzie 等（2011）提出使用方差分析法对测量项目的内容效度进行评估。尽管，该评估技术在 IS 研究中较少使用，但在组织研究中已经被广泛使用（Hinkin & Tracey，1999；Tracey & Tews，2005；Gardner，2005）。该评估技术的使用过程需要构建矩阵。具体而言，将测量项目按列的形式放置在矩阵的最左端，概念的定义按行的形式放置在矩阵的最顶端，然后邀请评审人员评估这些测量项目在多大程度上与概念的定义相对应（1 代表完全不对应，5 代表完全对应）。该方法的基本假设是，一个测项在目标概念上的得分应该显著高于在其他概念上的得分。通过比较测量项目在各个概念上的得分来判断量表的内容效度。

按照 MacKenzie 等（2011）的提议，本书采用方差分析法，以评估测量项目的内容效度。首先构建一个矩阵，并将概念定义和测量项目按照要求放入矩阵。Hinkin 和 Tracey（1999）曾使用该方法对其构建的测量项目的内容效度进行评估，其评估量表包括 4 个概念和 39 个测量项目。鉴于本书的测量项目较多，为了避免给评估人员造成负担，每次的评估题项不超过 10 个测量项目。我们将测量项目进行拆分，构建了 5 个矩阵，以降低评估工作的复杂性，并按照要求将相似的概念定义放在同一个矩阵框架中。因此，将同一个二阶概念的一阶概念进行合并，如对技术监督的信念由对用户身份认证的信念和对监控的信念组成，将这些一阶概念合并在一个矩阵中，以便识别概念之间是否存在重叠（MacKenzie et al.，2011）。

　　然后，邀请了 4 位评审人员对研究所构建的矩阵进行评估。鉴于该方法要求评估人员有足够的能力，以判断测量项目与概念间的一致性程度。其中 2 位是华南地区某高校的共享经济研究人员，另外 2 位是华中地区某高校教师，我们为华南地区的共享经济研究人员提供了纸质矩阵和指导说明，为华中地区某高校的教师提供了电子版矩阵内容和指导说明，以电子邮件的方式发放，如表 3 - 7 所示（内容效度检验举例说明）。

　　我们使用李克特 5 点评分法（1 表示完全不一致，5 表示完全一致），要求评审人员评估项目与各个概念定义间的一致性程度。评审结束后，对华南地区的评审人员进行面对面访谈、对华中地区的评审人员进行电话访谈，以了解他们在评审过程中的相关体验。4 位评审人员一致认为量表的指导说明是清晰的，但由于量表题项较多，对项目与各个概念定义进行一致性评估存在一定难度。因此，为每个测量项目挑选最匹配的概念定义或许更合适。评审人员的建议与 Anderson 和 Gerbing（1991）提出的内容评估法相同。Anderson 和 Gerbing 的内容评估法更适合测量项目较多的量表。Hoehle 等（2015）在对移动应用可用性的量表内容效度评估时，也采用了 Anderson 和 Gerbing 的内容评估法。因此，考虑到评估人员的反馈、评估方法的难易程度以及对 Hoehle 等（2015）研究的借鉴，本书选择 Anderson 和 Gerbing（1991）的内容分析方法，即为测量项目挑选一个最为匹配的概念定义来评估量表的内容效度。

表 3 - 7 内容效度检验的相关矩阵实例

测量项目	概念的定义		
我认为共享平台（Airbnb）	用户相信该网站有安全认证标识的信念	用户相信该网站会为顾客的网络数据加密以确保数据安全的信念	用户相信网站交易支付是熟悉且安全的信念
会通过加密技术保证交易数据的机密			
会通过安全控制技术来保证交易数据的安全			
会检查交易或交互是否被窃听			
会通过适当的安全保证技术来确保交易不出错			
第三方安全图标意味着该网站整体是安全的			
第三方安全图标标志着该网站房东提供的服务是安全的			
第三方安全认证是可靠的			
第三方安全认证确保网站的安全和可信性			
该网站支付会为交易提供担保			
可选择自己熟悉的方式进行支付			
在确认商品或服务后将货款打给服务提供商			

（二）数据收集

我们于 2018 年 3 月以 Airbnb 网站的实际消费群体作为样本进行数据收集和内容效度检验，共收集 320 份。排除作答时间少于 5 分钟且作答不完整的问卷，共获得有效问卷 270 份。排除作答时间少于 5 分钟的问卷是因为这些作答存在没有认真作答的可能性。样本数据的人口统计分析如

表 3 - 8 所示，调查样本大部分属于受过高等教育的群体。Hoehle 等（2015）指出，内容效度检验中的归类需要有一定的分析思考能力。我们认为研究生和博士生不仅受过良好教育，具备一定的分析思考能力，而且是网上购物的主要群体之一。因此，该人口统计特征是合理的。

表 3 - 8　样本数据的人口统计因素分析（n = 270）

特征	分类	样本数（份）	占比（%）
性别	男	100	37.0
	女	170	63.0
年龄（岁）	20 及以下	43	15.9
	21 ~ 30	131	48.5
	31 ~ 40	87	32.2
	41 ~ 50	7	2.6
	51 及以上	2	0.7
学历	高中及以下	13	4.8
	专科院校	67	24.8
	大学本科	114	42.2
	硕士研究生	76	28.1
月收入（元）	2500 及以下	95	35.2
	2501 ~ 5000	79	29.3
	5001 ~ 8000	66	24.4
	8001 及以上	30	11.1
工作类型	学生	98	36.3
	国家机关	57	21.1
	企事业单位	74	27.4
	其他类型	41	15.2

（三）数据分析

按照 Anderson 和 Gerbing 的内容分析法计算评估中同意的比例和评估

的实际有效性系数两个指标。

首先是评估中同意的比例 P_{SA}。P_{SA} 指选择与项目匹配的概念定义的比例，公式如下：

$P_{SA} = nc/N$

式中，nc 是指选择与项目匹配的概念定义的人数，N 是调查对象的总人数。P_{SA} 的取值在 0 到 1 之间，值越高，意味着选择与测量项目匹配的概念定义的比例就越高，概念的定义就越能代表相应的测量项目。

其次是评估实际有效性系数 Csv。Csv 是指调查对象在多大程度上选择了与项目对应的概念，而非其他概念，公式如下：

$Csv = (nc - n0)/N$

式中，nc 是选择与项目匹配的概念定义的人数，n0 是指将项目与其他概念对应的最高值。C 值在 -1 到 1 之间。正值意味着，调查对象选择与项目对应的概念定义的人数多于选择其他概念的人数；负值意味着，调查对象选择与项目对应的概念定义的人数少于选择其他概念的人数。P_{SA} 和 Csv 的边界值为 0.6，当 P_{SA} 和 Csv 值大于 0.6 时，意味着有多于 60% 的调查对象选择了与项目匹配的概念定义（Anderson & Gerbing, 1999; Hoehle et al., 2015）。总体而言，整个量表的内容效度较高，多数调查对象选择了与项目匹配的概念定义。62 个项目中，有 12 个项目的 Csv 没有达到 0.6 的边界值，7 个项目的 P_{SA} 值小于 0.6，具体分析结果如表 3-9 所示。

我们认真检查了测量项目，并重新对比测量项目与相对应的概念，对低于临界值的测量项目加以修改，使其能与概念定义联系。最后删除了对视觉吸引力的信念、对身份认证的信念、对权限控制的信念中低于临界值的各 2 个项目和对声誉反馈机制的信念中低于临界值的 1 个项目。对视觉吸引力的信念中的 2 个项目低于临界值的原因可能是个体通常将架构布局和视觉吸引力都归为网站的精心设计。我们保留了 55 个测量项目，各测项能够反映所要测量的维度，具有较好的内容效度，共享平台技术信任的初步量表，如附录所示。

表 3 - 9　基于内容效度检验的 P_{SA} 值和 Csv 值

概念名称	项目	PSA	Csv	概念名称	项目	PSA	Csv
对视觉吸引力的信念	1	0.85	0.80	对机密性的信念	1	0.79	0.73
	2	0.84	0.76		2	0.77	0.73
	3	0.83	0.73		3	0.84	0.79
	4	0.81	0.74		4	0.74	0.70
	5	0.56	0.49	对交易支付的信念	1	0.88	0.82
	6	0.57	0.46		2	0.81	0.74
对架构布局的信念	1	0.83	0.76		3	0.80	0.71
	2	0.79	0.74		4	0.87	0.83
	3	0.89	0.85	对身份认证的信念	1	0.77	0.69
	4	0.90	0.86		2	0.74	0.67
对数据保存的信念	1	0.76	0.70		3	0.86	0.80
	2	0.88	0.78		4	0.88	0.83
	3	0.79	0.70		5	0.45	0.50
	4	0.77	0.72		6	0.56	0.42
对交流技术使用的信念	1	0.83	0.75	对监控的信念	1	0.91	0.85
	2	0.87	0.82		2	0.82	0.77
	3	0.69	0.58		3	0.83	0.77
	4	0.75	0.66		4	0.87	0.82
对内容相关的信念	1	0.88	0.81	对权限控制的信念	1	0.85	0.81
	2	0.81	0.76		2	0.89	0.83
	3	0.75	0.70		3	0.84	0.76
	4	0.68	0.56		4	0.49	0.41
对搜索功能的信念	1	0.66	0.57		5	0.49	0.44
	2	0.71	0.66		6	0.90	0.86
	3	0.77	0.70		7	0.87	0.81
	4	0.87	0.82		8	0.81	0.75
对第三方安全认证的信念	1	0.89	0.83	对声誉反馈机制的信念	1	0.74	0.57
	2	0.87	0.79		2	0.82	0.78
	3	0.84	0.77		3	0.85	0.81
	4	0.65	0.44		4	0.43	0.45
					5	0.86	0.76
					6	0.76	0.70

（四）研究成果

本书基于扎根理论方法，遵循"理论饱和"抽样原则进行了"共享平台技术信任"理论抽样。在界定共享平台技术信任概念的基础上采用扎根理论对访谈数据和二手资料进行编码分析，并将分析结果与以往理论文献相关联，探索了共享平台技术信任的维度构成，开发了共享平台技术信任初始测项。结果表明，共享平台技术信任的 55 个初始指标符合共享经济情境下的平台特征，能够从整体上涵盖共享平台技术信任的范围。

具体而言，本章取得的成果如下：

（1）挖掘了共享平台技术信任的概念构思，解析了其维度构成。共享平台技术信任是指用户对确保交易顺利实现的共享平台信息技术的信任信念，包括功能型技术信任和治理型技术信任两个维度。其中功能型技术信任包括三个次要范畴：对网站设计的信念、对网站效用的信念、对网站安全的信念；治理型技术信任包括两个次要范畴：对技术监督的信念和对技术控制的信念。对网站设计的信念由对视觉吸引力的信念、对架构布局的信念和对数据保存的信念三个方面组成；对网站效用的信念由对交流技术使用的信念、对内容相关的信念和对搜索功能的信念三个方面组成；对网站安全的信念由对第三方安全认证的信念、对机密性的信念和对交易支付的信念三个方面组成；对技术监督的信念由对用户身份认证的信念和对监控的信念两个方面组成；对技术控制的信念由对权限控制的信念和对声誉反馈机制的信念两个方面组成。

（2）通过扎根理论挖掘的共享经济情境下的共享平台技术信任与现有技术信任研究有所区别。现有技术信任或侧重关注信息技术的底层设计和基础功能，或考虑技术对机会主义行为的治理作用，缺乏对共享经济情境下共享平台技术产生的信任信念的系统性研究。因此，提出并界定了共享平台技术信任的概念，并在对概念的具体测量中，综合考虑了功能型技术信任和治理型技术信任，对共享平台技术信任进行了系统性研究。同时，基于现有技术信任文献，通过消费者调研、专家访谈及二手资料提炼的共享平台技术信任的维度结构具有一定的情境适用性，更符合共享经济情境。

（3）共享平台技术信任的系统理论研究相对较少，因此对其概念的界定、维度和测量项目的开发具有一定的理论意义。本书以 MacKenzie 等（2011）提出的概念界定和量表开发十步骤为指导，通过扎根理论提炼共享平台技术信任的维度构成。同时，所得结论与现有文献存在较高的对应和契合度，确保了研究结果的可信性。另外，在已有研究的基础上进一步挖掘了共享平台技术信任三阶概念和二阶概念的内涵，尤其是治理型技术信任的内涵。

本书将共享平台技术信任的质化研究成果及由 55 个指标构成的共享平台技术信任的测量项目作为下一阶段研究的重要基础。扎根理论作为构建理论的重要方法，由于访谈和资料收集等技术限制以及编码过程中人为主观因素的制约，导致得出的理论具有一定的局限性。因此，为了使构建的理论更加完善，在定性研究的基础上需要结合定量研究，对扎根理论得出的结果进行检验。本书利用定量研究方法，通过调查数据对本章所得结论进一步梳理和检验。

第四章
共享平台技术信任的测量
模型和量表验证

在对共享平台技术信任进行概念界定和测项开发之后，本章的主要工作是构建共享平台技术信任的测量模型和量表检验。首先，在区分构成型测量模型和反映型测量模型的基础上，确定共享平台技术信任的测量模型；其次，通过大规模问卷调查，收集共享平台消费者数据，分别进行前测提纯、正式测验和交叉效度检验（MacKenzie et al.，2011）。

一、测量模型的构建

（一）模型类别判断

对测量项目的内容效度进行检验后，第四步是正式确定测量模型，确定概念与子维度及测量指标间的关系（MacKenzie et al.，2011）。Jarvis 等（2003）指出，在市场营销领域，约33%的研究模型界定是有误的。而且该现象在 MIS 和心理学研究领域中同样存在，即应该采用构成型测量模型，却采用了反映型测量模型；或应该采用反映型测量模型，而实际采用了构成型测量模型。模型界定对测量指标的形成有重要影响作用。Jarvis

等（2003）采用结构方程模型软件，分析了将构成型测量模型界定为反映型测量模型所造成的偏差。结果发现，被错误界定的潜变量指向其他变量间的路径系数被显著高估，得出的路径系数增加达555%，而指向被错误界定的潜变量的路径系数被低估达93%。同时，构成型测量模型和反映型测量模型的量表开发原则存在差异，即使采用同一量表，经过项目提纯和信效度检验，保留的项目也存在很大差异。Diamantopoulos（2006）对30个项目分别按照构成型和反映型的量表开发原则进行分析，保留下来的项目只有两个是相同的。MacKenzie等（2005）和Petter等（2007）的研究也得出了相似的结论。因此，无论是构成型测量模型被错误地估计成反映型测量模型，还是反映型测量模型被错误地估计成构成型测量模型，都会影响研究结论的准确性和科学性。现有量表开发的步骤，主要适于仅带有反映型指标的潜在性概念。如果将这些步骤用于带有构成型指标的潜在概念，可能会破坏概念的效度（MacKenzie et al.，2011）。例如，现有量表开发的过程步骤认为，应该删去题总相关较低的项目以提高量表的内部一致性信度。尽管该步骤对检验反映型测量模型是合适的，但并不适合检验构成型测量模型。排除题总相关较低的项目，可能会改变概念的操作性和描述性定义（Churchill，1979；Devellis，2012；Spector，1992）。因此，准确判断测量模型类别对研究结论的有效性和科学性具有重要影响作用（王晓丽等，2011）。

构成型测量模型是指标变异导致潜变量变异，或子维度的变化引起整个概念的变化；反映型测量模型是潜变量变异导致指标变异，或整个概念的变化引起子维度的变化。确定测量模型类型，无疑是实证研究中进行概念测量面临的首要问题。在王晓丽等（2011）和MacKenzie等（2011）的基础上，本书对构成型测量模型和反映型测量模型进行了区分和总结。构成型测量模型和反映型测量模型的区别，如表4-1所示。按照以上区别，我们对共享平台技术信任测量模型进行分析，发现各个子维度的变化会引起整个概念的变化（Diamantopoulos et al.，2008；MacKenzie et al.，2011；Kim et al.，2010；Cenfetelli & Bassellier，2009），如对网站设计信念的变化会引起功能型技术信任的变化。同时，对网站设计的信念与对网站效用的信念之间是不可替代的关系。因此，共享平台技术信任测量模型属于构成型测量模型。

表 4 – 1　构成型测量模型和反映型测量模型的区别

	构成型测量模型	反映型测量模型
潜变量的本质：独立的或组合的	潜变量是指标的组合	潜变量独立于指标而存在
潜变量与指标间的因果关系方向	指标的变异导致潜变量的变异	潜变量的变异导致指标的变异
指标的特征	指标定义潜变量	指标显示潜变量的特征
	指标不必体现相似内容和相同主题	指标体现相似内容和相同主题
	指标不可替换	指标可以替换
	增加或减少某个指标会改变潜变量的概念范畴	增加或减少某个指标不会改变潜变量的概念范畴
	指标间不存在高度正相关，但有相同的方向	指标间存在高度正相关
指标与前因或后果变量间的关系	指标与前因变量或后果变量间不存在相同的影响方向和显著性关系	指标与前因变量或后果变量间存在相同的影响方向和显著性关系
测量误差	单个模型无法评估项目误差	单个模型可以评估项目水平上的误差

资料来源：根据王晓丽等（2011）和 MacKenzie 等（2011）整理。

（二）模型识别条件

Edward（2011）和 MacKenzie 等（2011）指出构成型指标在使用时存在很多问题，如概念的模糊性、概念效度难以推断和统计不精确等，会影响模型的测量质量。因此，在使用构成型指标时，可将其分解成不同的维度，如单维概念转换为多维概念，使用反映型指标去测量每一个维度，使概念得到恰当的测量（陈晓萍等，2012）。无论是构成型测量模型还是反映型测量模型，要使模型可识别，均需要满足以下两个条件：第一，t法则。Bollen和Devis（2009）指出，一个模型中，指标变量协方差矩阵中的非冗余元素数量需要大于或等于自由参数的数量。第二，定标法则，即给潜变量设置一个特定的单位尺度。测量模型需要通过单位设置确保模型的参数能够全部被识别。

无论是反映型指标还是构成型指标，一阶概念的测量模型可以通过以下两种方法来实现：一是固定一条从指标到潜变量的路径系数（通常为1）；二是固定潜变量的方差为1（Maccallum et al.，1999）。以上两种解决方法都是合理的，将路径固定为1的优势在于增加模型解释力（Bollen & Devis，2009；MacKenzie et al.，2011）。就二阶概念而言，可以通过以下两种方法实现：一是固定一条子维度和二阶概念间的路径系数为1；二是固定二阶概念的方差为1（MacKenzie et al.，2011）。对构成型测量模型而言，定标法则只是其达到可识别的必要条件（Goertz，2006）。若潜在概念是内生性的，或构成型指标无法代表整个概念时，模型经常会产生误差项（MacKenzie et al.，2011）。解决该问题的方法是在潜变量上增加至少两条发散路径（Bollen & Davis，2009；MacKenzie et al.，2011）。因此，要使构成型测量模型可识别，除要满足t法则和定标法则外，还需要满足第三个条件，即增加两条发散路径法则。具体方法有以下三种：一是在符合理论假设的基础上，除构成型指标外，在构成型测量模型中增加至少两个整体反映型指标（Jarvis et al.，2003；MacKenzie et al.，2011）。该模型是一个多原因多指标（简称MIMC）模型（MacKenzie et al.，2011）。二是增加两个相互独立的反映型内生变量作为结果变量。三是增加一个反映型指标和一个反映型结果变量。MacKenzie等（2011）在对以上三种方法进行对比后，推荐第一种方法即除构成型指标外，至少增加两个组合潜在概念的反映型指标。[1] 具体如图4-1所示。

---

[1] Edward（2011）、MacKenzie等（2011）及陈晓萍等（2012）指出，构成型指标在使用时存在的诸多问题，建议将构成型指标分解成不同维度，使用反映型指标去测量各个维度，以使概念得到恰当的测量。

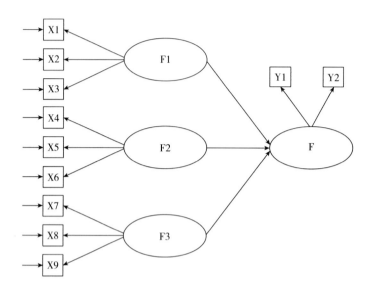

图 4 - 1　MIMIC 模型结构

（三）测量模型确定

以对网站安全的信念为例，对网站安全的信念是包括对第三方安全认证的信念（F1）、对机密性的信念（F2）和对交易支付的信念（F3）三个方面的组合概念。首先，对网站安全的信念是三个方面的组合；其次，各维度的变异会引起用户对网站安全信念的变异；再次，对第三方安全认证的信念、对机密性的信念和对交易支付的信念分别代表用户对网站安全的信念的三个方面；最后，各维度之间不可替代同时不一定存在相关。从以上分析来看，对网站安全的信念属于构成型概念，对第三方安全认证的信念（F1）、对机密性的信念（F2）和对交易支付的信念（F3）与对网站安全的信念之间为构成型指向关系。按照图 4 - 1 的模型结构，对第三方安全认证的信念（F1）通过以下几个反映型指标进行测量："我认为图标标志着该网站是安全的"，"我认为图标标志着该网站是可信的"，"我认为该网站的第三方认证是可靠的"以及"我认为图标标志着该网站是可靠的"，其中 X1 代表一阶概念的反映型测项。同时，为了有效解决模型指标识别问题，加入至少两个带有误差项的整体反映型指标。例如，"总体来说，我认为该网站是可靠的（Y1）""整体而言，我认为该网站是安全的（Y2）"等来反映概念的不同方面。MIMIC（多原因多指标）模型结构（Joreskog & Golberger，1975）被称为构成型指标和反映型指标混合的单一潜在概念结构，该结构最适合解释单一潜在构成型概念的测量模型（MacKenzie et al.，2011）。采用图 4 - 1 的结构模式来解释单个潜在概念的测量模型有以下几个优势：①无论是构成型指标还是反映型指标都是用于测量同一个多维概念；②无论该概念是内生性的还是外源性的，该模型结构都可以使用（Jarvis et al.，2003）；③验证性因素分析不仅可以评估测量属性，而且可以检验判别效度（Anderson & Gerbing，1988）；④参数估计比较稳定；⑤减少解释性混淆问题。概念的描述性定义和基于操作性产生的实证性定义之间存在的矛盾会导致解释性混淆问题，该问题直接影响模型的确定（Anderson & Gerbing，1988；Kenneth，2007）。换句话说，同一个模型可以有不同的解释（Diamantopoulos et al.，2008）。Burt（1976）认为，即便理论上对概念的界定一致，结果变量的不同也可能导致构成型指标与潜变量的关系发生变化。当构成型指标或反映型指标与潜变量间的关系系数取决于模型中的其他内生变量时，会产生解释性混淆问题，即模型既可以被视为测量模型，也可以被视为测量模型和结构方程模型的混合体（王晓丽等，2011）。Kim 等（2010）和 Wilcox 等（2008）也表示，当概念水平的误差项通过与其他潜在概念中的结构方程关系识别时，解释性混淆在构成型测量模型中是一个非常严重的问题。Kenneth（2007）认为，通过在模型中增加"能被核心概念影响的"其他潜在概念即结果变量可以解决这一问题。MacKenzie 等（2011）指出，如果概念水平的误差项需要通过与其他概念间的结构关系进行识别时，应当对解释性混淆进行评估。

在以往测量模型研究的基础上，MacKenzie 等（2011）认为，解释性混淆的产生与模型类别无关，而是由模型界定错误和模型不可识别导致的。通过对反映型指标进行内容效度检验可以有效识别概念水平的误差项，并识别测量模型。因此，Howell 等（2007）认为，反映型指标的使用能有效减少解释性混淆问题。该方法可以使潜在概念的实证含义建立在潜在概念和可观察变量间的关系上，将可观察变量作为概念的内容效度指标，解决描述性定义和实证定义间的解释性矛盾问题。Diamantopoulos 等（2001）也推荐使用 MIMIC 模型，该模型结构的效度评价，可以同时估计 r 系数（r 系数是指标的效度，反映了构成型指标对潜变量的影响）和模型的整体拟合度。按照以上内容对本书的子维度和概念间的关系进行分析，结果发现，子维度与潜在概念间的关系是构成型指向关系。本书共享平台技术信任的测量模型，如图 4 - 2 所示。测量模型的确定阶段及确定过程

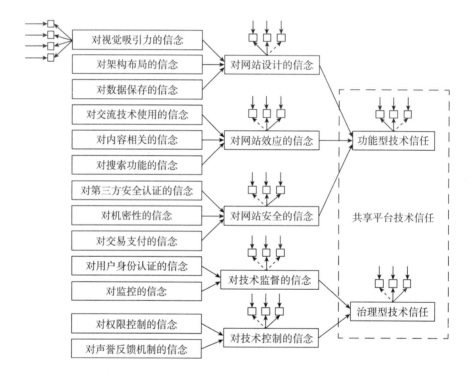

图 4 - 2 共享平台技术信任的测量模型

注：MacKenzie 等（2011）强调了确定测量模型的重要性，并指出构成型测量模型和反映型测量模型间的错误估计会严重影响研究结论的准确性和科学性。因此，本书严格依据两类测量模型的区别及 MIMIC 模型结构判断并确定共享平台技术信任的测量模型。

关注指标和概念间的相关性及一阶概念和二阶概念间、二阶概念和三阶概念间的相关性。尽管在前文的内容效度检验的基础上确定了共享平台技术信任的三阶二因子模型的合理性，但仍需要进一步验证该测量模型的质量。

（四）整体反映型测量项目开发

如图 4 - 2 所示，将每个二阶概念与其任一个反映型指标间的路径设置为 1（Hair，1995；MacKenzie et al.，2011）；每个一阶概念与其任一个指标间的路径设置为 1，二阶概念与其任一个一阶概念间的路径也设置为 1。每个二阶概念都通过三个整体反映型项目进行测量。整体反映型项目的开发是基于二阶概念的定义，开发过程与前文一阶概念指标的开发过程相同。在访谈的基础上从现有文献中查找相似概念，以辅助整体反映型测量项目的开发。二阶概念和三阶概念的整体反映型测量项目，如表 4 - 2 及表 4 - 3 所示。

表 4 - 2　二阶概念的整体反映型测量项目

二阶概念	测量项目
对网站设计的信念	总体来说，我认为该网站设计是令人满意的
	整体而言，我认为该网站设计是专业的
	我对该网站的整体设计是满意的
对网站效用的信念	对于我而言，该网站是有用的
	整体而言，我认为该网站是有效的
	对我而言，该网站是有价值的
对网站安全的信念	总体来说，我认为该网站是可靠的
	整体而言，我认为该网站是安全的
	我对该网站的安全设置是满意的
对技术监督的信念	我认为该网站会通过信息技术进行监督
	我认为该网站的技术监督是有效的
	我对该网站的技术监督设置是满意的

续表

二阶概念	测量项目
对技术控制的信念	我认为该网站会通过信息技术对机会主义行为进行控制
	我认为该网站的技术控制是有效的
	我对该网站的技术控制设置是满意的

表 4 - 3 三阶概念的整体反映型测量项目

三阶概念	测量项目
功能型技术信任	我认为该网站的整体技术功能是有用的
	我认为该网站的技术功能是可靠的
	我对该网站的整体技术功能设计是满意的
治理型技术信任	我认为该网站通过技术手段能约束服务提供商的违规行为
	我认为该网站通过技术手段能有效约束服务提供商行为
	我认为该网站通过技术手段能有效降低服务提供商的机会主义行为

二、问卷前测和提纯

（一）前测问卷编制

测量模型正式确定后，需要依次通过前测提纯、正式测验和交叉效度检验，以判断模型和量表的有效性和稳定性。因此，通过收集数据进行问卷前测，以检验量表的相关属性，评估量表的建构效度，包括收敛效度、判别效度和效标效度。收敛效度也称聚合效度，是指测量相同潜在特质的指标落在同一因素且相互关联的程度，主要通过项目负荷和 CR 值进行判断。判别效度是指不同概念的测量结果之间不相关的程度，主要通过平均抽取方差 AVE 值进行判断。效标效度是指通过在理论上可以预测的方式测验分数与效标（理论上相关但不同的概念）的测量值之间相互关联的程度。尽管效标效度的检验非常重要，但经常被研究人员忽略。

第五步是前测。在数据收集前邀请 2 位电商专业的博士生对问卷的指导说明和测量题项进行评价。总体而言，该量表的指导说明和测量题项是清晰的、容易理解的。问卷前测的目的在于评估共享平台技术信任初始问卷的质量，获取正式调研的共享平台技术信任量表。同时，为了检验效标关联效度，在文献分析的基础上选择使用意向和感知风险作为关联效标。前测包括指导说明和测量项目两个部分。所有项目均采用李克特 7 点分量表，1 表示完全不同意，7 表示完全同意。分值越高表示调查对象对测项描述的内容越赞同；分值越低表示调查对象对测项描述的内容越反对。扎根理论分析结果表明，可以归入共享平台技术信任两个维度的测量项目共有 76 项，如附录、表 4 - 2 和表 4 - 3 所示。将所有项目随机编排，形成共享平台技术信任前测问卷。

问卷共设计了两个部分：第一部分是基本信息，包括 5 个项目，主要有性别、年龄、学历、月收入和工作类型。第二部分是共享平台技术信任前测调查问卷的主体部分，包括 76 个共享平台技术信任初始开发条目。要求消费者结合自身订房经历，对这些条目的符合程度进行评价。采用李克特 7 点量表法进行测量，1 表示非常不赞同，7 表示非常赞同。

问卷收集需要关注的问题包括样本选择和样本大小。其中样本需要与测量的人口匹配，同时，在探索性分析阶段，样本大小最好是项目数量的 3 ~ 10 倍（Cattell，2012），或样本量在 100 ~ 500（Comrey & Lee，2013）。MacKenzie 等（2011）指出，样本量的大小取决于研究变量间的共同度和因素的确定性水平。MacCallum 等（1999）认为，当变量的共同度较高且因素有较强的确定性时，样本量在 40 ~ 100 也是足够的；而当变量的共同度较低且因素的确定性较弱时，则需要相对较大的样本量（300 ~ 500）。

（二）数据收集

问卷的前测于 2018 年 5 月开始收集，主要用于共享平台技术信任的前测问卷调查。通过现场发放和问卷星在线平台的方式进行收集，在郑州、武汉等中部地区发放前测问卷 500 份，回收问卷 450 份。剔除未合理识别反向题、作答时间太短或填写不完整的 40 份问卷，收回有效问卷 410 份，形成本书的前测统计有效样本数据，有效回收率为 82.0%。样本数据的人口统计分析如表 4-4 所示。

表 4-4 前测调查问卷：样本数据的人口统计分析（n=410）

特征	分类	样本数（份）	占比（%）
性别	男	207	50.5
	女	203	49.5
年龄（岁）	20 及以下	97	23.7
	21~30	190	46.3
	31~40	85	20.7
	41~50	34	8.3
	51 及以上	4	1.0
学历	高中及以下	21	51.2
	专科院校	118	28.9
	大学本科	184	44.9
	硕士研究生及以上	87	21.2
月收入（元）	2500 及以下	168	41.0
	2501~5000	132	32.2
	5001~8000	95	23.2
	8001 及以上	15	3.6
工作类型	学生	197	48.0
	国家机关	40	9.8
	企事业单位	120	29.3
	其他类型	53	12.9

（三）关联效标选取

效标关联效度是指通过对变量间的关系做出符合理论预期的假设，构建变量间的逻辑关系网络，以确定核心概念与其他概念间的测量关系。其中，其他概念可以是前因变量、相关变量，也可以是结果变量。效标是指测量测验有效性的外在标准，本质上用一种已知且认为"有效"的测验结果去检验另一个新测验的有效性。该效度检验非常重要（MacKenzie et al.，2011）。如果通过新开发的量表进行效标效度检验，可以得到与理论预期一致的变量间的因果关系，就说明新量表具有较好的概念效度。本书选择两个结果变量作为效标。关于效标效度检验中效标变量的选择，Colquitt（2001）认为，效标效度检验中所选的结果变量应该具备如下条件：一是和研究情景相关；二是被广泛研究的理论建构。

现有网络信任文献认为，信任会导致与信任相关的结果，如使用意向和风险感知（Lankton & McKnight，2011；Gefen & Straub，2004）。意向通常在信息系统研究中被作为因变量（Hoehle & Venkatesh，2015；Venkatesh et al.，2003）。我们依据 Bhattacherjee（2001）对使用意向的研究，将使用意向定义为用户愿意使用该网站或技术的意愿。虽然使用意向不同于使用行为，但在理性行为理论、心理学和消费者行为学理论中，"态度"、"意向"和"行为"被认为是相继出现的三个心理变量，具有正向关系，因此，采用使用意向作为因变量测试消费者行为是合适的（李桂华和卢宏亮，2010）。现有研究表明，技术信任是使用意向的关键预测指标（Lankton et al.，2015；Lankton & McKnight，2011；Wilson & Lankton，2013；Hsu et al.，2014；Wen et al.，2011）。同时，信任是治理不确定性和脆弱性交易关系的关键机制（Pavlou & Gefen，2004）。信任水平越高，感知风险水平越低，信任和风险存在高度负相关关系（Gefen & Straub，2004）。信任能降低消费者的感知风险，使消费者认为风险处于可控水平，使用该网站是安全的。本书将感知风险定义为消费者认为使用该网站时可能遭受损失的信念（Gefen & Pavlou，2012）。综上所述，选择使用意向和感知风险作为关联效标。因此，共享平台技术信任的效标关联效度可以通过检验以下两个假设进行考察：

H1：共享平台技术信任正向影响消费者的使用意向。

H2：共享平台技术信任负向影响消费者的感知风险。

效标关联效度检验研究，涉及的度量量表包括：①共享平台技术信任；②使用意向，含 3 个题项（Suh & Han，2003；Bhattacherjee，2001）；③感知风险，含 3 个题项（Jarvenpaa et al.，1999；Featherman & Pavlou，2003）。上述变量均采用李克特 7 点量表进行评价。具体结果变量的测量项目如表 4 - 5 所示；具体结构方程模型如图 4 - 3 所示。

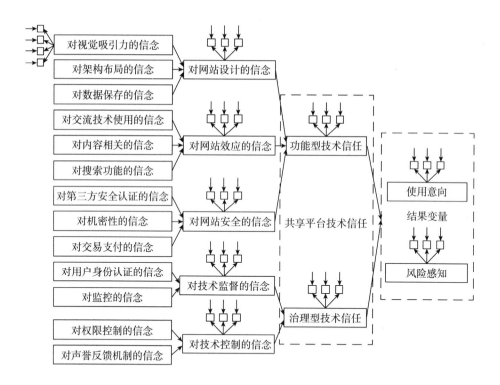

图 4 - 3　结构方程模型

表 4 – 5 使用意向和感知风险的量表

结果变量	测量项目	量表来源
使用意向	我打算使用该网站	Bhattacherjee（2001）；Suh 和 Han（2003）
	我不打算使用该网站（逆向指标）	
	我使用该网站的机会很大	
感知风险	我认为在该网站预订住房是安全的（逆向指标）	Jarvenpaa 等（1999）；Featherman 和 Pavlou（2003）
	我认为在该网站上预订住房存在风险	
	我认为在该网站上预订住房会使我暴露在风险中	

（四）量表提纯

1. 提纯步骤

MacKenzie 等（2011）建议，在前测数据收集后，对量表进行提纯。因此，第六步是量表提纯。现有量表开发的文献侧重关注反映型测量模型而非构成型测量模型。Diamantopoulos 和 Winklhofer（2001）指出，用于检验反映型测量模型的信度和效度指标并不适于构成型测量模型。MacKenzie 等（2011）对构成型测量模型和反映型测量模型进行对比分析，并对构成型测量模型的量表提纯的具体步骤进行了归纳和总结，具体如表 4 – 6 所示。提纯过程主要包括：拟合值检验；概念效度评估；概念信度评估；个体指标信度评估；剔除问题项。对于构成型测量模型，需要通过以上步骤对前测数据进行统计检验，以评估量表和模型的测量属性。其中信度分析即可靠性检验，用于判断问卷测验结果的一致性和稳定性。常用的信度分析包括重测信度和 Cronbach'α 系数。其中，重测信度可以从不同的角度进行评价，如同一研究者用同一问卷在不同时间内进行测验所得结果的一致性，或不同研究者用同一问卷在同一时间内进行测验最终结果的一致性等。效度检验包含内容效度、概念效度和效标效度。其中概念效度包括收敛效度和判别效度。收敛效度也称聚合效度，是指测量相同潜在特质的指标落在同一因素概念且相互关联的程度；判别效度用于判断不同维度或概念间的不相关程度；效标关联效度用于检验目标变量与其他变量之间的相关关系或因果关系。

表 4 - 6　量表提纯的步骤总结

评估内容	构成型测量模型
评估测量模型的拟合优度	检验 χ^2 的显著性（P > 0.1）CFI ≥ 0.95；RMSEA ≤ 0.06，SRMR ≤ 0.08，对于包括反映型指标的测量模型，要同时进行验证性四分差分析（简称 CFA）
评估概念水平的效度	评估一阶概念的贡献系数 R_a^2。若 R_a^2 > 0.5，意味着一阶概念子维度解释了二阶概念大部分的变异。二阶概念的前因如果是其一阶子维度，那么二阶概念水平上的误差项可以用来评估效度。误差方差小于概念整体方差的 1/2 意味着概念的主要变异来其指标
评估概念水平的信度	尽管内部一致性系数通常在反映型测量模型中作为信度评价指标，但并不适于构成型测量模型。构成型测量模型中指标或子维度之间的相关性无法进行预测，既可以是正，也可以是负甚至零相关，因此采用相关矩阵来选择指标可能会导致排除有效的测量指标。Edwards（2011）认为当一个概念是多维概念且其维度被作为潜变量时，无须进行信度检验但需进行重测信度检验
评估个体指标的信度和效度	r（相关）系数反映了构成型指标对潜变量的影响，是指标的效度。通过检验每个子维度与其二阶概念间的 r 系数的显著性来检验子维度的效度，若 r 系数不显著则为无效指标。同时评估各子维度的组合信度
剔除问题项	剔除标准：①一阶概念子维度上的因子载荷不显著；②完全标准化载荷的平方小于 0.5；③跨因子载荷高且显著；④测量误差协方差较大且显著；⑤一阶子维度和二阶概念间关系不显著且 VIF 大于 10

资料来源：对 MacKenzie 等（2011）的量表提纯步骤进行总结、翻译和补充。

　　作为一次横断研究，调查问卷由同一调研对象填写，数据来源可能存在同源误差（CMV）。因此在数据分析前，需要检验所采集数据是否存在同源误差。数据分析参考 Podsakoff 等（2003）以及 MacKenzie 和 Podsakoff（2012）的观点，对全部测项进行因子分析。结果表明，未旋转的第一个主成分的解释量为 20.75%，这个量并未占大多数，所有计量尺度并未在同一个因子上有显著负载，不存在同源误差问题。

2. 评估测量模型的拟合优度

本书使用 SPSS 和 AMOS 软件对量表进行提纯。首先，检验共享平台技术信任测量模型的拟合值。尽管在确定测量模型阶段已经对一阶概念模型、二阶概念模型和三阶概念模型进行了对比，但仍然需要通过该步骤对三种模型进行检验。结果表明，尽管三种模型的卡方统计值都显著，不存在统计意义上的差别，但三阶概念模型比一阶和二阶概念模型的卡方统计值更小。但卡方统计依赖样本大小和模型的复杂度（Hu & Bentler，1999），因此，需要通过其他的拟合指标来评估测量模型与样本数据的一致性程度。拟合指标包括绝对拟合指标（如 GFI、RMSEA 和 SRMR）和相对拟合指标（如 CFI、NFI 和 TLI）。其中，CFI 要求大于或等于 0.95、SRMR 要求小于或等于 0.08、RMSEA 要求小于或等于 0.06。研究发现，三阶概念的其他统计指标比一阶概念和二阶概念的统计指标更优，其中一阶概念的两个统计指标低于临界值。尽管二阶概念的指标都在临界值以内，但三阶概念模型的统计指标更优。共享平台技术信任三阶概念测量模型结果，如表 4 - 7 所示。卡方自由度之比小于临界值 2.000，RMSEA、SRMR、CFI 都在临界值范围内，NFI 大于临界值 0.90，TLI 大于临界值 0.80，CFI 大于临界值 0.95，几个拟合优度指标均在推荐值以内。因此，以上数据显示了假设模型拟合良好，支持了共享平台技术信任测量模型的效度检验。

表 4 - 7　前测：测量模型拟合度

指标	χ^2/df	RMSEA	SRMR	NFI	TLI	GFI	CFI
数值	1.68	0.05	0.06	0.91	0.88	0.90	0.97

3. 评估概念水平的效度和信度

概念效度主要通过收敛效度和判别效度进行检验，用于考察测量分数能否充分反映目标概念的理论内容。本书通过测量题项的因子载荷和平均抽取方差（AVE）来检验量表的收敛效度，具体要求是潜变量和观测变量间的因子载荷大于 0.5、AVE 大于 0.5。平均抽取方差越大，则随机测量误差越小，测量指标越能代表潜变量。统计结果如表 4 - 8 所示。

表4-8　前测：AVE和相关系数

	Mean	SD	1	2	3	4	5	6	7	8
1. 性别	NA	NA	NA							
2. 年龄	NA	NA	0.16	NA						
3. 收入	NA	NA	0.18 *	0.13 *	NA					
4. 对网站设计的信念	4.67	1.36	0.17 *	-0.09	0.03	0.77				
5. 对网站效用的信念	4.76	1.53	0.11 *	0.13 *	0.07	0.31 **	0.72			
6. 对网站安全的信念	4.87	1.61	0.15 *	0.16 *	0.06	0.07	0.04	0.75		
7. 对技术监督的信念	4.36	1.34	0.19 *	0.12 *	0.07	0.05	0.07	0.314 *	0.77	
8. 对技术控制的信念	4.74	1.40	0.13 *	0.08 *	0.04	0.03	0.04	0.324 *	0.503 ***	0.84

注：*P 表示 <0.05，**P 表示 <0.01，***P 表示 <0.001；对角线上是 AVE 值。

测量题项的 AVE 值均在 0.70 到 0.85 之间（大于 0.5），表明量表具有较好的收敛效度。同时，各潜变量与其他潜变量之间的相关系数均小于各潜变量的 AVE 的平方根，表明量表具有较好的判别效度。对概念水平效度进行评估，一阶概念对二阶概念的解释变异量和 CR（组合信度）值，如表 4-9 所示。一阶概念的 CR 值均大于 0.76，高于临界值 0.70；对监控的信念解释了对技术监督的信念 18% 的变异；对机密性的信念解释了对网站安全的信念 19% 的变异；对权限控制的信念解释了对技术控制的信念 31% 的变异。

表4-9　前测：解释变异量和组合信度

二阶概念	二阶概念信度	一阶概念	R^2	CR
对网站设计的信念	0.74	对视觉吸引力的信念	0.07	0.84
		对架构布局的信念	0.08	0.78
		对数据保存的信念	0.05	0.81
对网站效用的信念	0.80	对交流技术使用的信念	0.09	0.85
		对内容相关的信念	0.06	0.76
		对搜索功能的信念	0.04	0.83

二阶概念	二阶概念信度	一阶概念	R^2	CR
对网站安全的信念	0.83	对第三方安全认证的信念	0.11	0.87
		对机密性的信念	0.19	0.82
		对交易支付的信念	0.15	0.89
对技术监督的信念	0.81	对用户身份认证的信念	0.09	0.84
		对监控的信念	0.18	0.81
对技术控制的信念	0.78	对权限控制的信念	0.31	0.78
		对声誉反馈机制的信念	0.08	0.80

4. 评估个体指标信效度

一阶概念的项目载荷及每个一阶概念在相应二阶概念上的负载，如表4–10所示。所有的项目载荷均在0.73到0.92之间，较好地支持了概念的收敛效度。表4–10的底端为二阶概念的反映型测量项目载荷，结果发现，项目载荷均在0.79到0.90之间，大于0.70且跨因子载荷均不显著。一阶概念在相应二阶概念上的负载全部显著（P小于0.01），表明每一个一阶概念都对相应的二阶概念上有实质性贡献。

表4–10　因子载荷及相关属性

题项	测量误差	一阶因子载荷	二阶因子载荷
	一阶概念		
对视觉吸引力的信念	0.74	0.85	0.33***
	0.73	0.87	
	0.74	0.84	
	0.75	0.91	
对架构布局的信念	0.70	0.80	0.34***
	0.75	0.84	
	0.75	0.81	
	0.70	0.83	

续表

题项	测量误差	一阶因子载荷	二阶因子载荷
		一阶概念	
对数据保存的信念	0.74	0.84	0.25 ***
	0.76	0.86	
	0.74	0.84	
	0.80	0.90	
对交流技术使用的信念	0.71	0.79	0.32 ***
	0.74	0.84	
	0.75	0.83	
	0.75	0.78	
对内容相关的信念	0.74	0.87	0.29 ***
	0.72	0.83	
	0.70	0.87	
	0.78	0.86	
对搜索功能的信念	0.88	0.82	0.27 ***
	0.70	0.84	
	0.74	0.78	
	0.76	0.81	
对第三方安全认证的信念	0.74	0.81	0.38 ***
	0.80	0.83	
	0.71	0.82	
	0.74	0.89	
对机密性的信念	0.76	0.88	0.45 ***
	0.82	0.90	
	0.74	0.82	
	0.75	0.82	
对交易支付的信念	0.71	0.85	0.26 ***
	0.71	0.83	
	0.71	0.78	
	0.72	0.76	

续表

题项	测量误差	一阶因子载荷	二阶因子载荷
	一阶概念		
对用户身份认证的信念	0.79	0.85	0.33 ***
	0.68	0.87	
	0.70	0.91	
	0.62	0.77	
对监控的信念	0.74	0.81	0.42 ***
	0.71	0.83	
	0.75	0.85	
	0.71	0.78	
对权限控制的信念	0.71	0.89	0.59 ***
	0.72	0.85	
	0.79	0.75	
	0.68	0.84	
	0.72	0.81	
	0.70	0.85	
对声誉反馈机制的信念	0.62	0.86	0.31 ***
	0.72	0.92	
	0.70	0.83	
	0.74	0.77	
	0.76	0.73	
	二阶概念		三阶因子载荷
对网站设计的信念	0.71	0.83	0.25 ***
	0.74	0.81	
	0.72	0.80	
对网站效用的信念	0.79	0.87	0.51 ***
	0.68	0.79	
	0.70	0.83	
对网站安全的信念	0.62	0.80	0.32 ***
	0.72	0.84	
	0.85	0.90	

续表

题项	测量误差	一阶因子载荷	三阶因子载荷
	二阶概念		
对技术监督的信念	0.74	0.82	0.47***
	0.77	0.79	
	0.71	0.80	
对技术控制的信念	0.75	0.84	0.64***
	0.74	0.80	
	0.72	0.81	
	三阶概念		
功能型技术信任	0.73	0.89	NA
	0.79	0.86	
	0.80	0.79	
治理型技术信任	0.69	0.83	NA
	0.74	0.90	
	0.77	0.86	

注：***表示 P<0.001。

5. 多重共线性和效标效度讨论

同时，我们检验了多重共线性问题。多重共线性是构成型概念的一个主要问题（Diamantopoulos & Winklhofer, 2001；Tan et al. , 2013）。结果发现，两两变量间的相关最高值为 0.503（小于 0.9）（Tabachnick & Fidell, 2001）；VIF 方差膨胀因素值均小于 5（Hair et al. , 2006；Mathieson et al. , 2001），条件指标值均小于 1。因此，研究不存在多重共线性的问题。

然后，讨论量表的效标效度。通过 SPSS 和 AMOS 软件检验了共享平台技术信任和两个结果变量（使用意向和感知风险）间的结构方程模型，结果如表 4 - 11 所示。共享平台技术信任解释了使用意向 37% 的变异量，而对感知风险的解释变异量是 39%。其中功能型技术信任和治理型技术信任对使用意向的影响路径全部显著且路径系数分别为 0.17 和 0.32；对感知风险的影响路径全部显著且路径系数分别为 0.13 和 0.44。同时对二阶概念与结果变量间的关系进行分析，结果发现，对网站设计的信念、对网站效用的信念、对网站安全的信念、对技术监督的信念和对技术控制的信念对使用意向的影响路径全部显著。对网站安全的信念、对技术监督的信念和对技术控制的信念到感知风险的路径系数显著，且影响最大的是对技术控制的信念，其次是网站安全的信念，最后是技术监督的信念。对网站设计的信念和对网站效用的信念对感知风险影响不显著。基于以上分析结果，该阶段并未发现有任何题项需要剔除。

表 4-11　前测：结构方程模型结果

	使用意向	感知风险
R^2	0.37	0.39
功能性技术信任	0.32***	0.13**
治理型技术信任	0.17***	0.44***

注：**表示 $P < 0.01$，***表示 $P < 0.001$。

三、正式测验和量表检验

（一）新样本数据的收集和量表属性重测

1. 新样本数据收集

在前测问卷分析的基础上，经过量表提纯删减不合适的项目，修改和完善个别项目的表述，形成共享平台技术信任正式调查问卷。MacKenzie 等（2011）认为，在对量表进行前测提纯后，研究人员需要收集新的样本数据，重新检验量表的各项指标。同时，该步骤是非常必要的。因此，第七步是收集新的样本数据，重新检验量表属性。

在前测问卷分析的基础上，经过量表提纯形成共享平台技术信任正式调查问卷。该部分问卷设计共包括两个部分：第一部分是基本信息，包括5个项目，主要有性别、年龄、学历、月收入、工作类型和购物网站。第二部分是共享平台技术信任正式调查问卷的主体部分。要求消费者结合自身购买经历对这些条目的同意程度进行评价。在题项的测量上同样采用李克特7点量表法，1表示完全不赞同，7表示完全赞同。在正式测验部分，我们于2018年8月重新收集样本数据，主要用于共享平台技术信任正式问卷调查统计。样本数据的人口统计因素分析，如表4-12所示。

表4-12 正式调查问卷：样本数据的人口统计因素分析（n=500）

特征	分类	样本数（份）	占比（%）
性别	男	253	50.6
	女	247	49.4
年龄（岁）	20及以下	139	27.8
	21~30	228	45.6
	31~40	71	14.2
	41~50	58	11.6
	51及以上	4	0.8
学历	高中及以下	68	13.6
	专科院校	123	24.6
	大学本科	191	38.2
	硕士研究生及以上	11	23.6
月收入（元）	2500及以下	223	44.6
	2501~5000	160	32.0
	5001~8000	87	17.4
	8000及以上	20	4
工作类型	国家机关	86	17.3
	企事业单位	113	22.6
	学生	224	48.8
	其他类型	55	11

为了确保收集的数据源于全新的样本，我们在中国南部的两座城市广州和珠海（与前测所选择的城市不同）通过现场发放及问卷星等在线平台进行数据收集，共发放了正式问卷600份，回收560份。剔除作答时间太短、未合理识别反向题及填写不完整的60份问卷，收回有效问卷500份，形成研究正式调查统计的有效样本数据，回收有效率为83.33%。

2. 参照量表

在西方的技术信任度量研究中，Ratnasingham 和 Pavlou（2003）及 McKnight 等（2011）研究无疑是具有重要意义的。因此，我们将本研究开发的量表与现有技术信任量表进行对比分析，并根据具体调研对象对题项表述稍加调整。Ratnasingham 和 Pavlou（2003）的技术信任量表及 McKnight 等（2011）的技术信任量表，如表4-13所示。

表4-13　技术信任量表和关键概念解释

Ratnasingham 和 Pavlou（2003）的技术信任量		
关键概念	解释	测量项目
机密性	隐私和安全控制	我认为该网站安装了防火墙
		我认为该网站应用加密机制
		我认为该网站使用规则的系统检测和监督技术
		我认为该网站应用了序列号
		我认为该网站采用了应用控制
		我认为该网站采用了财务控制系统
正直性	商业交易的准确性	我认为该网站应用了私密保证技术
认证性	交易伙伴被识别的唯一特性	我认为该网站应用了正式的注销过程（用户 ID 和密码）
不可抵赖性	交易反馈机制	我认为该网站应用信息收据和确认机制
		我认为该网站应用了数字签名技术
接入控制	用于防止黑客入侵系统的网络控制，为特定交易伙伴提供进入授权	我认为该网站应用了网络进入控制系统

续表

Ratnasingham 和 Pavlou（2003）的技术信任量		
关键概念	解释	测量项目
有效性/可用性	系统有效并为授权伙伴提供信息	我认为该网站应用了授权机制
最佳商务实践	制度标准、政策和高层管理承诺	我认为该网站应用了职责分离
		我认为该网站会应用的应急方案
		我认为该网站遵守标准（行业）和政策
		我认为该网站会使交易伙伴遵守的合同
		我认为该网站会保证常规训练和员工教育
		我认为该网站会保证常规的监督检查
		我认为该网站会保证常规的风险分析
McKnight 等（2011）的技术信任量		
对功能性的信念	人们相信该技术具备完成任务的功能或特性的信念	我认为该网站有我需要的功能
		我认为该网站有我所要求的特征
		我认为该网站有能力支持我想做的事情
对可靠性的信念	人们相信该技术可以一直运作正常的信念	我认为该网站是可靠的
		我认为该网站是不会让我失望的
		我认为该网站是稳定的
		我认为该网站不会出现故障
对有用性的信念	人们相信该技术可以为使用者提供足够且及时的帮助的信念	我认为该网站为我提供需要的帮助
		我认为该网站为我提供了功能指导
		我认为该网站为我提供及时帮助
		我认为该网站为我提供及时有效的建议

　　将技术信任量表进行对比的意义，并非对以上研究工具进行批评，而是希望为未来研究人员选择适合自身研究需求的工具，提供有价值的帮助。选择以上两项量表工具的原因如下：首先，Ratnasingham 和 Pavlou（2003）的技术信任量表是以跨组织电商为研究情境，将技术信任作为一种控制机制，是制度视角下技术信任研究的典型代表；而 McKnight 等（2011）的技术信任量表以技术特征为核心，测量对信息技术实体本身的

信任，是技术特征视角下技术信任研究的典型代表。其次，Ratnasingham 和 Pavlou（2003）及 McKnight 等（2011）的研究是技术信任研究领域中引用相对较多的西方技术信任量表。在正式调查问卷过程中选取两量表作为参照，对其在中国共享经济情境下进行验证，并选择感知风险和使用意向作为因变量，并对本书提出的共享平台技术信任量表和以上两个参照量表进行对比分析，以检验研究开发的共享平台技术信任的效标效度。

（二）量表检验

第八步是量表效度评估（MacKenzie et al.，2011），该步骤在于评估：①通过实验性操作检验或已知群体对比技术，判断测量项目是否准确地代表了潜在概念；②测量项目是否充分说明了概念的多维本质；③测量项目与其他概念的指标是否存在差异（判别效度）；④概念是否与其理论网络中的其他概念存在关系（效标关联效度）（MacKenzie et al.，2011）。

1. 概念的实验性操作检验

概念测量是否真实地代表了其想要代表的现象对于判断量表质量非常重要。例如，某量表想要测量的是"有益行为"，则该量表的分数要与真实的有益行为相关。与内容效度不同，概念的实验操作侧重关注该指标在多大程度上与概念的定义匹配，是否充分代表了所要代表的现实世界中的现象（Stogdill，2006）。而内容效度是指测量项目或指标是否充分代表或覆盖了概念的整个范围（MacKenzie et al.，2011）。实验性操作检验主要使用录像带、文字等记录可视性资料。MacKenzie 等（2011）认为，实验性操作检验适于检验行为或绩效测量（如个体行为或领导行为、任务绩效和顾客服务等），而并不适于检验个体的内在状态（如态度、信念和价值观等）。现有研究认为，信任是一种主观信念（Chang et al.，2013；Gefen et al.，2003；Lewicki et al.，1998；Mayer et al.，1995；Moody et al.，2014），本书将共享平台技术信任定义为，用户对确保交易顺利实现的共享平台信息技术产生的信任信念。因此，通过实验性操作对研究开发的共享平台技术信任工具进行检验是不切实际的。

2. 概念的已知群体对比

尽管已知群体对比技术在行为研究领域已经有很长的历史，但与实验性操作相比，该方法对效度评估的有用性更弱。因为，该方面仅能证明相关关系而非因果关系。例如，Allen 和 Meyer（1990）识别了组织承诺的三个方面，分别是情感、持续和规范。识别三方面的前提在于作者认为员工和组织间的联系会降低员工离职率。MacKenzie 等（2011）以该研究为例，解释了如何使用已知群体对比技术。对比群体间的组织承诺差异：①全职工比临时工拥有更高水平的组织承诺；②与没有股权的管理人员相比，拥有股权的管理人员组织承诺水平更高；③与只进行注册的成员相比，自愿加入政党组织的成员组织承诺水平更高；④与一般员工相比，经理人拥有更高水平的组织承诺。在概念实验性操作较难实施时，可以通过使用已知群体对比技术进行效度分析（MacKenzie et al.，2011），对每个子维度进行已知群体对比检验。考虑到该项工作的庞大、烦琐以及意义大小，同时借鉴 Hoehle 等（2015）的研究工作，本研究认为即使不进行已知群体对比检验也是合适的，因此，决定在此不进行已知群体对比检验。

3. 判别概念检验

在正式测验阶段，通过新样本数据对量表的信效度进行重新检验，使用 AMOS 软件检验了模型的拟合值，结果如表 4-14 所示。卡方自由度之比小于临界值 2.000，RMSEA 小于临界值 0.060，几个拟合优度指标均在推荐值以内。总体而言，测量模型拟合较好。通过检验收敛效度和判别效度分析结构效度。本书通过测量题项的因子载荷和平均抽取方差来检验量表（AVE）的收敛效度，具体要求是 AVE 大于 0.5，统计结果如表 4-15 所示；潜变量和观测变量间的因子载荷大于 0.5，如表 4-17 所示，所测量的三个维度的 AVE 值均都在 0.70 到 0.85 之间。同时，各潜变量的 AVE 的平方根均大于其与其他潜变量之间的相关系数，表明量表具有较好的判别效度。

表 4 - 14　正式测验：模型拟合度

指标	χ^2/df	RMSEA	SRMR	NFI	TLI	CFI	GFI
数值	1.25	0.04	0.06	0.91	0.90	0.97	0.92

表 4 - 15　正式测验：AVE 和相关系数

	Mean	SD	1	2	3	4	5	6	7	8
1. 性别	NA	NA	NA							
2. 年龄	NA	NA	0.10	NA						
3. 收入	NA	NA	0.14 *	0.12 *	NA					
4. 对网站设计的信念	4.60	1.27	0.15 *	- 0.04	0.03	0.72				
5. 对网站效用的信念	4.74	1.37	0.13 *	0.09 *	0.09	0.35 **	0.74			
6. 对网站安全的信念	4.88	1.59	0.14 *	0.13 *	0.05	0.07	0.03	0.71		
7. 对技术监督的信念	4.30	1.30	0.16 *	0.08 *	0.13	0.03	0.05	0.307 *	0.75	
8. 对技术控制的信念	4.66	1.27	0.16 *	0.07 *	0.04	0.05	0.06	0.313 *	0.498 ***	0.79

注：* 表示 $P < 0.05$，** 表示 $P < 0.01$，*** 表示 $P < 0.001$。

二阶概念的信度均在 0.76 到 0.84 之间，结果如表 4 - 16 所示。同时，我们计算了一阶概念解释二阶概念的变异数，表 4 - 17 表明，一阶概念解释了相应二阶概念较多的变异量。一阶概念的信度均在 0.78 到 0.85 之间，结果如表 4 - 16 所示。

表 4 - 16　正式测验：解释变异量和组合信度

二阶概念	二阶概念信度	一阶概念	R^2	CR
对网站设计的信念	0.76	对视觉吸引力的信念	0.06	0.83
		对架构布局的信念	0.07	0.78
		对数据保存的信念	0.06	0.80
对网站效用的信念	0.78	对交流技术使用的信念	0.09	0.82
		对内容相关的信念	0.05	0.78
		对搜索功能的信念	0.05	0.80

二阶概念	二阶概念信度	一阶概念	R^2	CR
对网站安全的信念	0.84	对第三方安全认证的信念	0.13	0.85
		对机密性的信念	0.17	0.83
		对交易支付的信念	0.15	0.84
对技术监督的信念	0.83	对用户身份认证的信念	0.08	0.85
		对监控的信念	0.16	0.80
对技术控制的信念	0.80	对权限控制的信念	0.33	0.79
		对声誉反馈机制的信念	0.09	0.83

4. 多重共线性和效标效度检验

一阶概念的项目载荷及每个一阶概念在相应二阶概念的负载，如表 4-17 所示。所有的项目载荷均在 0.73 到 0.93 之间，结果支持了收敛效度。表 4-17 的底端是二阶概念的反映型测量项目载荷，结果发现，项目载荷在 0.75 到 0.91 之间都大于 0.70 且跨因子载荷均不显著。一阶概念在相应二阶概念上的负载全部显著，表明每个一阶概念都对相应二阶概念有实质性贡献。

表 4-17 正式测验：因子分析

题项	测量误差	一阶因子载荷	二阶因子载荷
		一阶概念	
对视觉吸引力的信念	0.76	0.79	0.30***
	0.74	0.80	
	0.69	0.91	
	0.76	0.83	
对架构布局的信念	0.76	0.87	0.32***
	0.88	0.82	
	0.84	0.79	
	0.82	0.81	

续表

题项	测量误差	一阶因子载荷	二阶因子载荷
		一阶概念	
对数据保存的信念	0.84	0.83	0.21 ***
	0.88	0.75	
	0.74	0.83	
	0.67	0.79	
对交流技术使用的信念	0.69	0.88	0.29 ***
	0.70	0.83	
	0.71	0.78	
	0.76	0.82	
对内容相关的信念	0.79	0.83	0.25 ***
	0.78	0.82	
	0.74	0.78	
	0.79	0.84	
对搜索功能的信念	0.79	0.83	0.25 ***
	0.78	0.85	
	0.72	0.81	
	0.76	0.82	
对第三方安全的信念	0.79	0.86	0.32 ***
	0.77	0.84	
	0.76	0.82	
	0.84	0.82	
对机密性的信念	0.68	0.90	0.41 ***
	0.66	0.90	
	0.74	0.84	
	0.76	0.79	
对交易支付的信念	0.77	0.81	0.23 ***
	0.70	0.83	
	0.71	0.85	
	0.76	0.76	

续表

题项	测量误差	一阶因子载荷	二阶因子载荷
	一阶概念		
对用户身份认证的信念	0.78	0.85	0.31***
	0.76	0.87	
	0.85	0.91	
	0.74	0.77	
对监控的信念	0.79	0.81	0.41***
	0.72	0.83	
	0.78	0.85	
	0.72	0.88	
对权限控制的信念	0.77	0.89	0.57***
	0.77	0.88	
	0.82	0.89	
	0.79	0.86	
	0.73	0.84	
	0.75	0.88	
对声誉反馈机制的信念	0.77	0.86	0.28***
	0.71	0.92	
	0.73	0.83	
	0.77	0.77	
	0.72	0.73	
	二阶概念		三阶因子载荷
对网站设计的信念	0.73	0.81	0.27***
	0.77	0.82	
	0.73	0.78	
对网站效用的信念	0.74	0.88	0.56***
	0.72	0.78	
	0.71	0.81	
对网站安全的信念	0.74	0.84	0.37***
	0.77	0.82	
	0.82	0.88	

续表

题项	测量误差	一阶因子载荷	三阶因子载荷
	二阶概念		
对技术监督的信念	0.83	0.83	0.44 ***
	0.81	0.79	
	0.78	0.80	
对技术控制的信念	0.74	0.79	0.61 ***
	0.72	0.81	
	0.75	0.83	
	三阶概念		
功能型技术信任	0.70	0.87	NA
	0.76	0.83	
	0.78	0.85	
治理型技术信任	0.75	0.85	NA
	0.73	0.87	
	0.75	0.81	

注：*** 表示 $P < 0.001$。

检验了多重共线性的问题，结果发现 VIF 方差膨胀因素值均小于 4，条件指标值均小于 10。结果表明，该阶段不存在多重共线性的问题。

通过两个结果变量（使用意向和感知风险）检验了结构方程模型，结果如表 4 - 18 所示。共享平台技术信任解释了感知风险 41% 的变异量及使用意向 44% 的变异量。其中功能型技术信任和治理型技术信任对使用意向的影响路径全部显著，路径系数分别为 0.39 和 0.19；对感知风险的影响路径全部显著，路径系数分别为 0.13 和 0.49。

Ratnasingham 和 Pavlou（2003）的技术信任量表对使用意向的解释变异量为 21%，对感知风险的解释变异量为 37%；McKnight 等（2011）的技术信任量表对使用意向的解释变异量为 31%，对感知风险的解释变异量为 15%，结果如表 4 - 18 所示。与本书开发的共享平台技术信任相比，以上两个技术信任量表对使用意向和感知风险的解释力和预测性相对较低。

同时，将正式测验结果与前测结果相比，发现测量结果具有较好的稳定性和一致性。

表4-18 正式调查：结构方程模型结果

	使用意向	感知风险
R^2	0.44	0.41
功能型技术信任	0.39***	0.13**
治理型技术信任	0.19**	0.45***
Ratnasingham 和 Pavlou（2003）的技术信任量		
R^2	0.21	0.37
机密性	0.14*	0.29*
正直性	0.12*	0.18*
认证性	0.07*	0.21**
不可抵赖性	0.04	0.17*
接入控制	0.06	0.15*
有效性/可用性	0.17*	0.12*
最佳商务实践	0.11*	0.27**
McKnight 等（2011）的技术信任量		
R^2	0.31	0.15
对功能性的信念	0.26**	0.11*
对可靠性的信念	0.10*	0.27**
对有用性的信念	0.29***	0.07

注：*表示 $P < 0.05$，**表示 $P < 0.01$，***表示 $P < 0.001$。

四、交叉效度检验

在正式测验分析的基础上，接下来进行共享平台技术信任交叉效度检验，以确保模型和量表的有效性和稳定性。第九步是量表的交叉效度检验。交叉效度是指测量结果具有跨样本—跨情景的有效性，反映了效度一般化的能力。将已经由一个样本证实的测验施测于另一个样本，用以确定它是否依然有效的分析方法如 MacKenzie 等（2011）的建议，最好使用新样本以检验量表的稳定性。如果多群体或多样本间（与正式测验进行对比）的因素负荷、路径系数等指标之间不存在显著性差异，则表示模型和量表具有较好的稳定性。

（一）新样本数据收集

在交叉效度检验部分，本书课题组于 2018 年 11 月重新收集样本数据，主要用于共享平台技术信任问卷的交叉效度检验。有效样本的人口统计学分析如表 4－19 所示。为了尽可能确保收集的数据源于全新的样本，我们将问卷星网址链接至各旅行社区如旅游网、驴友论坛等平台，邀请在 Airbnb 预订过住房的消费者填写问卷（与前测和正式测验收集方式有所不同）。该阶段共发放问卷 520 份，回收问卷 478 份，排除作答时间较短、未合理识别反向题和填写不完整的 60 份问卷，收回有效问卷 418 份，形成本书交叉验证的有效样本数据，回收有效率为 80.38%。

表 4－19 交叉验证调查问卷：样本数据的人口统计因素分析（n＝418）

特征	分类	样本数（份）	占比（%）
性别	男	201	48.1
	女	217	51.9
年龄（岁）	20 及以下	94	22.5
	21~30	195	46.7
	31~40	95	22.7
	41~50	31	41.2
	51 及以上	3	0.1
学历	高中及以下	25	6.0
	专科院校	134	32.1
	大学本科	176	42.1
	硕士研究生及以上	83	19.9

续表

特征	分类	样本数（份）	占比（%）
月收入（元）	2500 及以下	144	34.4
	2501~5000	163	39.0
	5001~8000	93	22.2
	8000 及以上	18	4.3
工作类型	国家机关	17	4.1
	企事业单位	111	26.6
	学生	153	36.6
	其他类型	137	32.8

该部分使用 SPSS19.0 和 AMOS19.0 软件对回收的有效样本数据进行统计分析和模型检验。按照与正式测验相同的步骤和方法，评估共享平台技术信任测量量表的相关属性。表 4-20 为模型的拟合值，其中卡方自由度之比小于临界值 2.00，RMSEA 小于临界值 0.06，几个拟合优度指标均在推荐值以内。因此，测量模型拟合较好。

（二）结构效度

通过检验模型的收敛效度和判别效度判断结构效度。通过测量题项的因子载荷和平均抽取方差来检验量表（AVE）的收敛效度，统计结果如表 4-20 所示。潜变量和观测变量间的因子载荷大于 0.50，如表 4-21 所示，所测量的三个维度的 AVE 值均都在 0.70 到 0.79 之间。同时各潜变量的 AVE 的平方根均大于其与其他潜变量之间的相关系数，表明量表具有较好的判别效度。

表 4-20   交叉效度检验的模型拟合度

指标	χ^2/df	RMSEA	SRMR	NFI	TLI	CFI	GFI
数值	1.740	0.056	0.067	0.903	0.967	0.971	0.907

表4-21 交叉效度检验：AVE 和相关系数

	Mean	SD	1	2	3	4	5	6	7	8
1. 性别	NA	NA	NA							
2. 年龄	NA	NA	0.14	NA						
3. 收入	NA	NA	0.13*	0.12*	NA					
4. 对网站设计的信念	4.81	1.43	0.12*	-0.05	0.05	0.70				
5. 对网站效用的信念	4.40	1.33	0.15*	0.07*	0.08	0.37**	0.74			
6. 对网站安全的信念	4.34	1.49	0.17*	0.15*	0.04	0.05	0.02	0.71		
7. 对技术监督的信念	4.47	1.23	0.16*	0.07*	0.15	0.03	0.07	0.31*	0.75	
8. 对技术控制的信念	4.67	1.57	0.17*	0.05*	0.03	0.07	0.06	0.34*	0.47***	0.79

注：* 表示 $P<0.05$，** 表示 $P<0.01$，*** 表示 $P<0.001$。

二阶概念的信度均在0.73到0.84之间，结果如表4-22所示。同时，我们计算了一阶概念解释二阶概念的变异数，表4-22表明，一阶概念均解释了相应二阶概念的大部分变异量。一阶概念的组合信度均在0.77到0.87之间，结果如表4-22所示。

表4-22 交叉效度检验：解释变异量和组合信度

二阶概念	二阶概念信度	一阶概念	R^2	CR
对网站设计的信念	0.73	对视觉吸引力的信念	0.05	0.85
		对架构布局的信念	0.06	0.80
		对数据保存的信念	0.05	0.84
对网站效用的信念	0.75	对交流技术使用的信念	0.10	0.83
		对内容相关的信念	0.07	0.79
		对搜索功能的信念	0.03	0.82
对网站安全的信念	0.82	对第三方安全认证的信念	0.15	0.83
		对机密性的信念	0.15	0.87
		对交易支付的信念	0.14	0.81
对技术监督的信念	0.81	对用户身份认证的信念	0.12	0.83
		对监控的信念	0.18	0.83

共享经济：来自平台技术信任的研究

续表

二阶概念	二阶概念信度	一阶概念	R²	CR
对技术控制的信念	0.84	对权限控制的信念	0.35	0.77
		对声誉反馈机制的信念	0.10	0.85

一阶概念的项目载荷以及每个一阶概念在相应二阶概念的负载，如表4-23所示。所有的项目载荷都在0.73到0.93之间，较好地支持收敛效度。表4-23的底端是二阶概念的反映型测量项目载荷，结果发现，项目载荷在0.77到0.89之间，高度负载于二阶概念且跨因子载荷均不显著。一阶概念在相应二阶概念上的负载全部显著（P小于0.01），表明每个一阶概念均对相应的二阶概念有实质性贡献。

表4-23　交叉效度检验：因子分析

题项	测量误差	一阶因子载荷	二阶因子载荷
	一阶概念		
对视觉吸引力的信念	0.75	0.77	0.28 ***
	0.75	0.83	
	0.74	0.93	
	0.72	0.85	
对架构布局的信念	0.73	0.84	0.33 ***
	0.85	0.85	
	0.84	0.77	
	0.80	0.81	
对数据保存的信念	0.83	0.84	0.22 ***
	0.86	0.73	
	0.76	0.80	
	0.72	0.77	
对交流技术使用的信念	0.70	0.88	0.27 ***
	0.74	0.85	
	0.73	0.79	
	0.74	0.84	

100

续表

题项	测量误差	一阶因子载荷	二阶因子载荷
	一阶概念		
对内容相关的信念	0.77	0.83	0.23***
	0.75	0.82	
	0.74	0.79	
	0.76	0.85	
对搜索功能的信念	0.75	0.84	0.27***
	0.73	0.86	
	0.76	0.80	
	0.74	0.82	
对第三方安全认证的信念	0.82	0.87	0.31***
	0.77	0.88	
	0.78	0.89	
	0.82	0.83	
对机密性的信念	0.70	0.87	0.43***
	0.67	0.91	
	0.71	0.87	
	0.73	0.76	
对交易支付的信念	0.75	0.83	0.25***
	0.73	0.86	
	0.70	0.80	
	0.74	0.77	
对用户身份认证的信念	0.75	0.88	0.35***
	0.74	0.89	
	0.75	0.80	
	0.73	0.82	
对监控的信念	0.77	0.81	0.39***
	0.75	0.84	
	0.74	0.83	
	0.73	0.84	

续表

题项	测量误差	一阶因子载荷	二阶因子载荷
	一阶概念		
对权限控制的信念	0.75	0.87	0.53 ***
	0.78	0.89	
	0.83	0.91	
	0.82	0.87	
	0.77	0.87	
	0.77	0.83	
对声誉反馈机制的信念	0.76	0.86	0.25 ***
	0.70	0.89	
	0.74	0.88	
	0.78	0.73	
	0.71	0.78	
	二阶概念		三阶因子载荷
对网站设计的信念	0.75	0.85	0.30 ***
	0.76	0.83	
	0.74	0.82	
对网站效用的信念	0.73	0.88	0.47 ***
	0.76	0.80	
	0.74	0.81	
对网站安全的信念	0.77	0.86	0.33 ***
	0.78	0.84	
	0.86	0.89	
对技术监督的信念	0.84	0.87	0.45 ***
	0.85	0.77	
	0.77	0.79	
对技术控制的信念	0.71	0.82	0.59 ***
	0.70	0.84	
	0.73	0.81	
	三阶概念		
功能型技术信任	0.74	0.81	NA
	0.77	0.88	

续表

题项	测量误差	一阶因子载荷	二阶因子载荷
		三阶概念	
功能型技术信任	0.74	0.84	NA
治理型技术信任	0.79	0.85	NA
	0.82	0.81	
	0.86	0.83	

注：＊＊＊表示 P<0.001。

检验了多重共线性的问题。结果发现，VIF 方差膨胀因素值均小于 4，条件指标值均小于 10，因此，交叉效度检验过程中不存在多重共线性的问题。

（三）稳定性检验

该部分依旧使用结果变量（使用意向和感知风险）检验了结构方程模型。结果如表 4-24 所示。共享平台技术信任解释了感知风险 43% 的变异量及使用意向 42% 的变异量。其中功能型技术信任和治理型技术信任对使用意向的影响路径系数分别为 0.40 和 0.15，且全部显著；对感知风险的影响路径系数分别为 0.17 和 0.44，全部显著。而 Ratnasingham 和 Pavlou（2003）的技术信任量表对使用意向的解释变异量为 15%，对感知风险的解释变异量为 35%；McKnight 等（2011）的技术信任量表对使用意向的解释变异量为 34%，对感知风险的解释变异量为 17%，结果如表 4-24 所示。与本书开发的共享平台技术信任量表相比，Ratnasingham 和 Pavlou（2003）的技术信任量表及 McKnight 等（2011）技术信任量表在对使用意向和感知风险的预测力和解释力相对较低。同时，将以上结果与正式测验所得结果对比分析，发现测量结果和结构方程模型具有较好的稳定性和一致性。

表 4 - 24 交叉效度检验：结构方程模型结果

	使用意向	感知风险
R^2	0.42	0.43
功能型技术信任	0.40 ***	0.17 **
治理型技术信任	0.15 **	0.44 ***
Ratnasingham 和 Pavlou（2003）的技术信任量		
R^2	0.15	0.35
机密性	0.13 *	0.29 *
正直性	0.11 *	0.13 *
认证性	0.05	0.24 **
不可抵赖性	0.08	0.16 *
接入控制	0.05	0.17 *
有效性/可用性	0.20 *	0.11 *
最佳商务实践	0.22 *	0.21 **
McKnight 等（2011）的技术信任量		
R^2	0.34	0.17
对功能性的信念	0.29 **	0.13 *
对可靠性的信念	0.13 *	0.26 **
对有用性的信念	0.26 ***	0.09

注：＊表示 $P < 0.05$，＊＊表示 $P < 0.01$，＊＊＊表示 $P < 0.001$。

（四）规范性说明

第九步是对量表开发的规范性进行说明[①]（MacKenzie et al.，2011；Hoehle et al.，2015）。规范性说明主要从三个方面进行解释。首先，样本的选取是否符合利益群体的真实分布（Devellis，2012；MacKenzie et al.，2011）。国家信息中心分享经济研究中心发布的《中国共享住宿发展报告2019》分析了共享住宿用户分布特征。结果发现，房客中70%的群体年龄

──────────

① MacKenzie 等（2011）强调了规范性说明的重要性，认为对前期量表开发的规范性进行说明有助于增加量表分数的解释力，但现有 IS 研究中的量表开发较少涉及该步骤。

在 18～35 岁，网上预订住房的消费者主要集中在青年群体，如 Airbnb 大于 70% 的用户年龄集中在 18～38 岁。因此，本书量表的样本人口学分布与网上购物消费者的人口学分布具有一定的匹配性。其次是样本量。样本量是否足够是评估量表稳定性的重要条件（Urbina，2014；Lee & Baskerville，2003；MacKenzie et al.，2011）。从内容效度检验开始，本书先后使用了 4 次独立且不同的样本来进行量表质量分析。同时，除内容效度检验外，前测、正式测验和交叉效度检验的样本量均在 400～500 份，整体样本大于 1000。因此，样本量是足够大的，足以有效评估量表的各项属性。最后是跨时变化。MacKenzie 等（2011）均提到了时间概念的重要性，认为特定情境下的研究结果可能随着时间的变化而变化，如变量间的关系由原来的显著变得不显著。这种变化会影响理论和量表的稳定性。鉴于本书仅使用了截面数据，对中国共享经济情境下的共享平台技术信任测量模型和量表进行了分析。未来可以通过收集长时数据或收集来自不同文化背景下的样本了解共享平台技术信任的内容和维度。总体而言，结果表明，本书开发的共享平台技术信任量表在当前中国共享用户范围内是稳定且合理的。

（五）主要结论

本章主要构建了共享平台技术信任的测量模型，并对共享平台技术信任的维度构思和量表进行了验证，依次通过前测提纯、正式测验和交叉效度检验及规范性说明进行分析，验证了共享平台技术信任三阶二因子测量模型、维度构成及量表的有效性和稳定性。主要结论如下：

首先，本章在共享平台技术信任维度构成和初始测量项目的基础上明确了共享平台技术信任的测量模型。基于模型界定错误影响的重要性，在区分构成型测量模型和反映型测量模型的基础上分析了本书开发的共享平台技术信任的测量模型类型，得出共享平台技术信任为三阶二因子构成型测量模型，包括 2 个三阶概念、5 个二阶概念和 13 个一阶概念。其中三阶概念主要是功能型技术信任和治理型技术信任，其中，二阶概念"对网站设计的信念"、"对网站效用的信念"和"对网站安全的信念"共同归属于功能型技术信任；"对技术监督的信念"和"对技术控制的信念"共同归属于治理型技术信任。

其次，验证了共享平台技术信任的维度结构和量表质量。基于共享平台技术信任的扎根理论分析和现有技术信任文献，开发了共享平台技术信任的维度构思和初始量表。在此基础上构建了共享平台技术信任的测量模型并验证了共享平台技术信任的维度构思和量表质量。通过前测采用SPSS19.0和AMOS统计软件对量表进行提纯，通过量表提纯评估量表的测量属性，包括拟合值、整体信效度评估和个体指标信度评估，剔除问题项形成共享平台技术信任正式问卷工具。然后，通过正式测验和交叉效度检验进行检验，考察模型和量表的有效性和稳定性。整体结果表明，本书开发的共享平台技术信任的维度构思和问卷工具在当前中国共享住宿用户的范围内是稳定且合理的，可以被用于未来的实证研究中，为接下来的调节效应分析奠定了基础。

最后，在文献分析的基础上通过扎根理论等方法探索性地识别了共享平台技术信任的维度构成，构建了共享平台技术信任测量模型，开发了共享平台技术信任测量量表。这既是对共享平台技术信任的理论拓展，也是对网络信任研究的深化和延伸，具有一定的理论意义。但是扎根理论方法作为一种质性研究方法，也存在一定的缺陷。尽管该方法对现象可以做出解释性的理解，提供深入的研究线索，进而发展理论，但无法做出更精确的描述或根据数据进行预测进而证实理论。因此，在扎根理论分析的基础上运用定量方法对其进行佐证，验证该理论是否成立。本书在前测、正式测验和效度检验三个研究阶段向目标群体发放大样本问卷，并对数据进行分析。实证结果进一步证实了共享平台技术信任的三阶二因子模型构思，将其分为功能型技术信任和治理型技术信任两个维度，有力地支持了扎根理论分析的结论。

共享经济情境下共享平台技术
信任的调节效应

　　本书具体考虑了在线交易的两个阶段：一是初次购买。初次购买过程中由于买卖双方缺乏直接的交互经历，买家对服务提供商往往是陌生的，消费者对服务提供商的信任通常建立于对制度和技术环境及其他二手信息的判断。因此，初次购买过程中技术信任是影响服务提供商信任的重要前置因素。二是重复购买。现有研究对重复购买视角下技术信任的影响作用研究不足。维系客户的重复购买行为是共享企业或平台持续稳定发展的重要保障，同时，研究表明企业80%的利润是由客户在重复购买中创造的。因此，本章在现有研究的基础上着重从理论逻辑的角度探讨共享经济情境下重复购买过程中共享平台技术信任的影响作用研究。与初次购买不同，在重复购买过程中，消费者对服务提供商的判断依据主要是以往的与该服务提供商的交互经验和交易经历（Fang et al.，2014），而经验信任对风险的评估往往取决于消费者对所处的环境的判断（Hsu et al.，2014；Gefen & Pavlou，2012）。本书侧重考察技术环境因素，如果消费者感知技术环境是稳定的，一手经验往往会被认为是持续可靠的；反之，消费者通常会怀疑以往经验的可靠性。因此，本章进一步分析了共享经济情境下重复购买过程中共享平台技术信任的影响作用。

一、研究模型及理论假设

（一）服务提供商信任与重复购买意向

信任是一种信念，既是初始购买行为的预测变量，也是重复购买行为的关键预测变量。服务提供商信任作为人际信任的一种，现有研究将服务提供商信任定义为，信任方相信被信任方的能力、正直和善意会按照信任方的期望行事的信念（Mayer et al.，1995）。被信任方可能是一个个体，也可能是一个组织（Pavlou & Gefen，2004；Gefen & Pavlou，2012）。Fang 等（2014）研究了信任、满意度和重复购买决策间的关系，认为对提供商的信任是包括对提供商能力、诚实和善意的信任，侧重对提供商的认知信任，并未包括情感信任。近年来，随着网络技术的发展，特别是 Web 2.0 等技术的兴起和应用，网络交往中的社会情感线索逐步增加（如照片、声音信息等），匿名性逐渐减弱，都影响着消费者情感信任的产生。Ou 等（2014）认为，关系是中国电商交易中关键因素。消费者在建立与服务提供商理性认知信任的基础上，通常也会存在高质量的社会互动和情感支持，促进快关系的形成。消费者与服务提供商沟通互动的增加有助于交易双方情感的进一步加深。因此，我们将共享经济情境下重复购买过程中的服务提供商信任界定为，用户相信服务提供商会依照自己期望行事的信念，分为认知信任和情感信任两类。重复购买意向是指消费者感知从特定服务提供商再次进行交易的可能性（Gefen & Pavlou，2012）。本研究并未采用实际购买行为作为因变量，而是将重复购买意向作为因变量。尽管"购买意向"不同于真实的"购买行为"，但理性行为理论、心理学及消费者行为学理论通常认为，"态度"、"意向"和"行为"是相继出现的三个变量，具有正向关系，因此，将重复购买意向作为因变量预测消费者的行为是合适的（李桂花和卢宏亮，2010）。

首先，认知信任是指在共享经济情境下，消费者对特定服务提供商的能力、正直和善意的认知判断和理性期望（Komiak & Benbasat，2006；Lewis & Weigert，1985；Fang et al.，2014）。重复购买过程中顾客对服务提供商的认知信任意味着在以往的交易过程中服务提供商是正直的、善意的和有能力的，反映了服务提供商在过去交易中的可靠性和专业性。与其他商务活动一样，共享平台作为"服务中介"，通过互联网将原本陌生的用户和服务提供商进行连接。网络环境的特殊性使服务提供商更容易产生投机行为，整个交易过程有着较高的不确定性和社会复杂性（Gefen & Pavlou，2012）。而在产品信息不充足的网络环境下，用户对服务提供商认知信任的产生通常建立在用户对服务提供商个人特质做出认知判断和理性计算的基础上。Mcallister（1995）认为当用户对服务提供商的认知信任较高时，用户会主观认为服务提供商有着较为正面的个人特质，如有能力、有仁慈心和为人正直。通常情况下，具有以上特质的服务提供商发生投机行为的概率较低，用户也更愿意与具备这种特质的服务提供商发生交易行为。同时，理性行为理论认为用户会通过信息评估选择相应的行为结果（如是否使用该平台），对服务提供商的认知信任代表了用户对其信息理性评估后所形成的积极态度，正是这种态度决定了用户的行为意愿。因此，用户对服务提供商的认知信任水平越高，用户的持续使用意向越强烈（Ou et al.，2014）。

其次，情感信任指共享经济情境下，消费者对特定服务提供商形成的以情感关系为基础的信任和依恋程度（Mcallister，1995；Lewis & Weigert，1985；Swan et al.，1999），是交易双方亲密性、情感和自我意识的体现。顾客对服务提供商的情感性信任意味着通过以往的多次交易和沟通产生的情感互动和依恋，如在访谈过程中，访谈对象说："节日时曾经的房东给我发了贺卡和节日祝福，让我感觉温暖、有人情味，这让我回忆起了当初在那里的快乐时光。"用户的情感信任水平越高，表明其与服务提供商建立的情感联系越紧密，越认为房东会关心自己的切身利益。当用户和服务提供商之间建立情感信任时，表明用户感知服务提供商在交易过程中会充分考虑其目的，并对用户福利进行关心。此时用户和服务提供商之间会形成较为紧密的情感纽带，这种情感纽带有助于推动用户与该服务提供商进行交易。因而，对服务提供商的情感信任成为用户参与网络商务活动的重要前因，它有助于鼓励共享平台用户的在线商务活动。同时，在用户与服务提供商交互的过程中，提高用户的情感信任有助于用户在心理上降低其在网络环境中面临的不确定性和社会复杂性，主观认为服务提供商会充分关心其利益，不会进行投机行为（如房客信息的不当使用），这是一个值得信任的交易对象，从而促进用户对共享平台的使用。因此，对服务提供商的情感信任正向影响用户的重复使用意向。

同时，在重复购买过程中，消费者对服务提供商的判断往往基于以往交互经验和交易经历（McKnight et al.，1998），基于经验产生的服务提供商信任成为消费者购买决策的重要影响因素（Kelley，2013；Blau，1964；Gefen & Pavlou，2012），如重复购买。Harris 和 Goode（2004）在对网上书店消费者的调查研究中，发现消费者对网络书店的信任会影响消费者在该网络书店的重复购买行为。理性行为理论将信任视为一个前因信念，会对交易行为有积极的态度，该态度会影响交易意向。使用相同的逻辑，Pavlou 和 Gefen（2004）及 McKnight 等（2002）表明对特定在线服务提供商的信任信念与交易意向呈正相关关系。综上所述，共享情境下服务提供商信任会对重复使用意向产生影响。

由此，提出以下假设：

H1a：认知信任与重复购买意向呈显著正相关关系。

H1b：情感信任与重复购买意向呈显著正相关关系。

（二）服务提供商信任和感知风险

感知风险是用户感知与服务提供商再次进行交易可能会遭受损失的信念（Gefen & Pavlou，2012），是在线商务中影响用户决策的重要因素。信任和感知风险都是嵌入在社会关系中的主观概念（Chiles & Mcmackin，1996）。信任对风险的影响已经在电商和虚拟社区研究中被实证支持（Pavlou & Gefen，2004）。Mayer 等（1995）认为信任作为一种相信对方会依照自己期望行事的信念，是治理不确定性和脆弱性交易关系的关键机制。已有研究发现，用户对服务提供商的认知信任越高，用户的感知风险就越低。双评估过程理论认为当用户依靠理性计算对服务提供商进行评估时，通常对其个人特质如职业能力、正直和善意更敏感，对服务提供商的主观价值也会随着服务提供商特征的变化而变化，这为用户选择服务提供商提供了良好的筛选机制。而用户对服务提供商产生认知信任的前提是用户基于理性计算对服务提供商的个人特质做出评估，这种评估能有效降低风险发生的概率，进而影响用户的感知风险水平。用户对服务提供商的认知信任越高，表明用户通过理性计算认为服务提供商的个人特质越正面；服务提供商的个人特质越正面，用户对服务提供商的理性期望越高，这种理性期望会降低用户的感知风险。据此，可以推断出对服务提供商的认知信任有助于降低共享平台用户的感知风险。

用户对服务提供商产生情感信任的前提是双方在交互的过程中彼此能感受对方关怀自己的利益。对于用户而言，当交易出现失误时，情感信任有利于用户对失误进行积极归因，不会将其归结于服务提供商的主观恶意。对于服务提供商而言，情感信任有助于降低服务提供商投机行为的发生概率。当服务提供商投机行为的发生概率较低时，用户的风险感知也会随之降低。同时，当用户与服务提供商产生情感联系时，用户会采取情感评估，侧重关注由服务提供商激发的情感，强调与服务提供商建立的情感依恋和愉悦感等心理性收益。此时用户常基于个人偏好、情绪和情感等非理性因素进行决策评估，往往简化和忽略部分信息，这很有可能导致用户在购买过程中低估交易风险。综上所述，信任能有效促进交易的原因在于信任可以降低交易的不确定性和风险的感知水平（Kim et al.，2008）。Pavlou 和 Gefen（2004）认为，信任是治理不确定性和脆弱性交易关系的关键机制。基于信任的关系有助于降低机会主义行为和对风险的感知。换句话说，信任使消费者感知风险处于可控水平，相信服务提供商不会做出对自己不利的行为（Mayer et al.，1995）。同时，当买家面临着大量的社会和交易不确定性时，信任使买家从主观上排除许多不希望出现但可能出现的行为。据此，可以推断出对服务提供商的信任有助于降低共享平台用户的感知风险，促进交易行为的发生，成为消费者做出决策和判断的主要来源。

由此，提出以下假设：

H2a：认知信任与感知风险负相关。

H2b：情感信任与感知风险负相关。

（三）共享平台技术信任与感知风险

共享平台技术信任是指用户对确保交易顺利实现的共享平台信息技术的信任信念。本书将共享平台技术信任分为功能型技术信任和治理型技术信任。其中功能型技术信任是用户相信共享平台网站技术功能设计良好和有用的信念。用户感知网站整体设计越好，消费者的感知风险越低。假如网页视觉设计较弱，文字偏大或偏小，图像颜色不匹配，往往会使用户感觉该共享平台网站不专业甚至产生是否是虚假网站的怀疑。网页设计作为用户接触网站的第一道"入口"，对用户的网站感知有着重要作用。对网站效应的信念作为用户对共享平台网站整体能服务其目的的感知，直接影响用户对网站有用性和有效性的判断。例如，交流技术的使用能为用户和服务提供商或其他用户之间的信息交流提供支持。交流互动不仅为用户带来更好的社会体验，而且为商家解答用户对产品的问题或疑惑提供交流平台，进行降低用户的风险感知，促进对服务提供商的信任和关系（Ou et al.，2014）。信任与风险间的相伴相生（Mayer et al.，1995）。当其他条件保持不变，用户的信任提高，感知风险会相应降低。对网站安全的信念是指用户相信共享平台网站安全稳定的信念。用户感知网站的安全稳定程度越高，对风险的感知相应越低。如果应用网站拥有第三方安全信任标识，用户往往会认为该网站已经通过了审核，是一个值得信任的网站，可以放心购物（Kim et al.，2005）。综上所述，功能型技术信任越高，消费者的感知风险越低。

治理型技术信任是指用户相信共享平台网站技术能有效监督和约束机会主义行为的信任信念。Vance 等（2015）以问责理论为基础，研究了用户对技术监督和约束的意识能有效提高用户的问责感，促进用户去执行其愿意负责的行为。其中对技术监督的信念是用户相信信息技术能对服务提供商进行有效监督的信念，如用户身份验证，能将其身份证号码与银行账号有效结合，做到一人一账号，将个体与其行为结果相连接（Vance et al.，2013）。身份验证能有效提高商家和服务提供商的问责感，进而促使他们按章程行事，对其产生威慑作用，避免其做出会受到惩罚的行为。当个体执行一项能够被识别的行为时，他们会更倾向于履行自身能够且愿意负责的行为。因此，用户对技术监督的信任信念能有效降低用户的感知风险。监控技术能对网站中登录过的用户及其使用系统的情况进行监控和留痕，追踪买卖双方的交易过程。当系统发现违规行为时，会记录该用户的登录名、IP 地址等信息，并找寻其非法行为的痕迹，进而做出相应的处罚。对技术控制的信念是用户相信信息技术能对违规的服务提供商进行控制和问责的信念。其中，声誉反馈机制对服务提供商具有一定的威慑作用，当服务提供商进行虚假交易或其他机会主义行为时，消费者可以通过声誉反馈系统对商家做出评价。权限控制同样作为一种威慑手段，对共享平台参与者有着更为直接的作用，能使共享平台参与者产生一种问责意识，进而促进服务提供商规范自身行为。用户对技术控制的信任信念能有效降低用户的感知风险。换句话说，技术的治理价值在于，当制度无法完全保障市场交易行为时，共享平台可以通过一系列的技术支持来确保服务提供商进行合适的行为。因此，治理型技术信任能有效降低消费者的感知风险。

由此，提出如下假设：

H3a：功能型技术信任与感知风险负相关。

H3b：治理型技术信任与感知风险负相关。

（四）感知风险与重复购买意向

感知风险来自不确定性，而不确定性主要来自知识的缺乏和对结果的

113

不可控。与传统交易环境相比，网络交易具有虚拟性、远程性和不确定性，用户通常无法检查和试用产品，缺少对产品和服务的充分认识，尤其在当前政府监管较为薄弱、制度尚未完善的共享情境下，制度信任的构建是一个长期且复杂的过程，因此，消费者的感知风险往往更为强烈（Ou et al.，2014）。感知风险被认为是个体判断是否使用网络平台和发生网络购买行为的重要心理资源，这种心理资源会导致用户相应的风险承担行为。用户的风险承担行为随结果的不确定性程度而发生变化，当用户感知交易存在风险时，会根据风险高低产生相应的抵制行为（如永久或暂时停止购买、降低购买频率或数量、转而购买其他相似品）。因而，感知风险被认为是用户购买决策的重要影响因素。感知风险越高，意味着交易过程不确定性程度越高和交易情形越不可控。而交易过程的不确定性越高，交易情形越不可控，用户主观认为服务提供商发生投机行为的概率也越高；服务提供商投机行为的发生概率越高，用户越倾向于对平台交易产生消极的态度，这种态度往往会导致用户不愿意去使用该网络平台并与入住该平台的服务提供商产生交易行为。前景理论认为，大部分人的效用函数属于参照依赖（如果参照点的设置不同，那么期望效用的感知也会有所不同）。具体而言，人们整体是厌恶损失的，当他们期望的结果是减少损失而不是获取收益时，他们的期望效用将会更高（Fang et al.，2014）。Sitkin 和 Pablo（1992）在有关风险承担行为的研究中，指出在相同的风险承担决策中，消极地强调损失比积极地强调收益会让人们更愿意承担风险行为。因此，降低感知风险是促进用户平台使用和购买行为的重要途径。同时，安全需求作为人类最基本的需求之一，当人们认为自身无法承受所感知的风险时，倾向于规避风险行为以寻求安全。因此，消费者的感知风险越大，重复购买的意愿越低。理性行为理论解释了感知风险和交易意向之间的负向关系。风险感知增加了人们期望的消极面，进行促进消极态度的产生；消极的态度往往会对行为意向产生消极的影响，因此，感知风险水平负向影响消费者的交易意向（Pavlou & Gefen，2004）。

　　由此，提出以下假设：

H4：感知风险与重复购买意向负相关。

（五）共享平台技术信任的调节作用

现有网络信任研究主要将技术信任视为初次购买过程中构建服务提供商信任的重要前置性因素。Ou 等（2014）考察了交流技术在初次购买过程中构建服务提供商信任和快关系的重要作用。研究发现交流技术的有效使用能促进消费者与服务提供商的交互和临场感，进而构建服务提供商信任和快关系。基于以往与服务提供商的具体交易经历，形成消费者对服务提供商的一手信息和资料。谢康等（2016）考察了在线虚拟社区中技术信任对人际信任的影响作用。研究发现，技术信任能有效提高人际间的信息共享和知识学习进而促进人际间信任的形成。以上研究均强调了技术信任对构建初始信任的重要性，将技术信任视为构建初始信任的前置性因素。尽管现有文献丰富了网络技术信任的作用研究，但侧重关注初次购买阶段，对重复购买过程中技术信任的作用研究不足。初次购买过程由于买卖双方缺乏直接的交互经历，消费者对服务提供商的信任主要建立在制度、技术环境及其他二手信息的基础上。而在重复购买过程中，以往与服务提供商的交互经验和交易经历成为消费者对服务提供商做出判断的主要决策依据（Fang et al.，2014）。经验信任对风险的评估往往取决于消费者对所处的环境的判断（Hsu et al.，2014；Gefen & Pavlou，2012），本书侧重考察技术环境因素。如果消费者感知技术环境是稳定的，一手经验往往会被认为是持续可靠的；反之，消费者通常会怀疑以往经验的可靠性。因此，基于共享情境考察共享平台技术信任的调节作用。

混合治理理论认为，在一个有风险的环境中，多种治理机制的混合使用可以相互补充（汪鸿昌等，2013），能有效防范和治理机会主义行为，比单独治理更有效（肖静华和谢康，2010）。首先，共享平台技术信任作为一种风险减轻机制，能够较好地弥补服务提供商信任的不足，共享平台技术不仅使消费者可以了解商家的过往交易情况，还可以通过技术监督和治理对商家形成可置信威胁和约束，两种信任机制的结合能更有效地降低重复购买过程中的感知风险，即二者是一种互补关系。但从另一方面来看，制度结构在某些功能和作用上，信息技术同样能够实现，如第三方支付、反馈机制等。现有部分学者将其作为制度结构的一部分，证明了制度信任与服务提供商信任间的替代关系（Fang et al.，2014）。因此，技术信任与服务提供商信任之间为替代关系，即技术信任水平越高，服务提供商信任在风险评估方面发挥的作用越弱。

本书将共享经济情境下重复购买过程中的服务提供商信任分为认知信任和情感信任两类信任类型（Mcallister，1995）。其中认知信任是基于社会交换框架下，买卖双方基于理性计算和交换关系对卖方特征的信任，包括能力、正直和善意等。双方之间的信任关系是建立在理性且互惠基础上的交换关系（韦慧民和龙立荣，2009）。经济人假设认为，在对某一经济行为或现象进行预期时，如果人们是理性的，那么经济主体会充分利用所得到的信息进行决策判断以降低错误判断的概率（Chen & Yang，2007）。理性条件下的买方从自身利益出发，尽可能利用当前掌握的可用信息，做出自身认为合理的判断和反应。此时，信息间的关系倾向于互补和补充。因此，共享平台技术信任（功能型技术信任和治理型技术信任）与认知信任之间为互补关系，即共享平台技术信任正向调节认知信任和感知风险间的关系。而情感信任反映的是信任双方特定的感性情感联系，买方认为卖方关心买方的利益，而对卖方产生的情感依恋（韦慧民和龙立荣，2009）。买卖双方在交往的过程中，除经济利益的目的外，更加期望能够获得归属感和认同感，如茵曼粉丝。社会人假设下的经济主体通常容易受到情绪和情感的影响，倾向简化信息、心理账户和信息可得性，忽略部分信息，强调情感归属和愉悦感等心理性收益，信息间的关系倾向简化和替代。信任作为基于信息判断产生的信念。因此，情感信任和共享平台技术信任呈替代或削弱关系，即共享平台技术信任负向调节情感信任和感知风险间的关系。

由此，提出以下假设：

H5a：功能型技术信任正向调节认知信任与感知风险的关系。

H5b：治理型技术信任正向调节认知信任与感知风险的关系。

H5c：功能型技术信任负向调节情感信任与感知风险的关系。

H5d：治理型技术信任负向调节情感信任与感知风险的关系。

除上述提出的基础假设外，性别、年龄、收入、教育程度等可能会对信任和风险感知构成影响（Pavlou & Dimoka，2006；Kumar & Venkatesan，2005）。因此，将以上变量列为控制变量，并基于前文假设，得到研究模型，如图 5－1 所示。

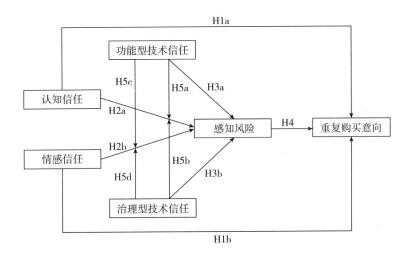

图 5－1　研究模型

二、测量工具与数据收集

（一）关键概念的测量工具

治理型技术信任和功能型技术信任的测量工具均采用本书自行开发的

共享平台技术信任测量问卷，共 76 个条目。其他概念均源自现有的成熟理论，也有较为成熟的量表。其中认知信任采用 Fang 等（2014）的信任量表测量，共 8 题；情感信任修订自 Mcallister（1995）的情感信任测量，共 5 题；感知风险的量表修订自 Gefen 和 Pavlou（2012），共 3 题；重复购买意向的测量，借鉴 Gefen 和 Pavlou（2012）的量表，共 3 题。以上所有量表均采用李克特 7 点量表法，1 表示非常不认同，7 表示非常认同。关键概念的量表来源如表 5 - 1 所示。同时，除本书开发的共享平台技术信任（功能型技术信任和治理型技术信任）为构成型概念外，其他概念均为反映型概念。

表 5 - 1　关键概念的量表设计

隶属概念	测量维度	量表来源
共享平台技术信任	功能型技术信任	本书开发
	治理型技术信任	本书开发
服务提供商信任	认知信任	Fang 等（2014）
	情感信任	Mcallister（1995）
感知风险	感知风险	Gefen 和 Pavlou（2012）
重复购买意向	重复购买意向	Gefen 和 Pavlou（2012）

对于各个概念的定义，尽可能沿用量表来源文献中的定义，但由于成熟量表只是对于原有理论概念的操作化处理，最初的理论与定义一般来自更早的研究，因此，概念定义的来源与量表来源具有一致性，同时也存在一定差异。具体概念如表 5 - 2 所示。

表 5 - 2　实证概念及其定义

概念	定义	定义的来源
功能型技术信任	用户相信共享平台网站技术功能设计良好和有用的信念	本书开发

续表

概念	定义	定义的来源
治理型技术信任	用户相信共享平台网站技术能有效监督和约束机会主义行为的信念	本书开发
认知信任	共享经济情境下，消费者对平台中特定服务提供商的能力、正直和善意的认知判断和理性期望	Fang 等（2014）
情感信任	共享经济情境下，消费者对平台中特定服务提供商形成的以情感为基础的信任和依恋程度	Mcallister（1995）
感知风险	消费者感知与特定服务提供商再次进行交易可能会遭遇损失的信念	Gefen 和 Pavlou（2012）
重复购买意向	消费者感知从特定服务提供商处再次购买产品或服务的可能性	Gefen 和 Pavlou（2012）

本书选取的量表基本选自最新文献，且文献均来自领域内顶级期刊以确保问卷经过多次优化。对于个别未能特别贴切的问卷和测项，基于理论定义，通过多种方法如消费者访谈、专家访谈和测评等，进行问卷前测以形成最终的正式问卷，正式问卷详见附录。

（二）问卷前测与修订

在问卷设计完成后，为了避免因被调查者不了解测量题项的题意，出现误答影响问卷效度的情况；也为了提高问卷的精简性，在进行大规模正式问卷发放前，对问卷初稿进行前测。同时，尽管题项均选自相对经典的测量量表，但是否适于中国情境仍需要考虑。因此，本书前测分为三个步骤：首先，通过小范围访谈，优化问卷的测量题项及措辞表述，形成前测问卷；其次，发放并回收前测问卷，进行信效度检验，进而修改和完善测量题项；最后，由专家进行确认并确定最终测项，形成正式问卷。

问卷前测于2019年1月底进行，受访人员均来自最近3个月在各大共享平台与特定商家进行过交易的消费者。共发放问卷450份，回收有效问卷303份，回收有效率67.3%。鉴于功能型技术信任和治理型技术信任的测量量表已经在上一节进行了严格测验，因此，本阶段仅对共享平台技术信任之外的其他概念的题项进行评估。通过理论分析发现，其他概念均为反映型概念，采用适于该概念类型的统计方法进行数据分析。

首先，前测问卷的确定。通过目标抽样的方法有针对性地选取10位在共享平台有过交易经验的消费者以及电商领域的5名硕士研究生和2名博士研究生，请他们阅读和试填问卷；其次，由调查者引领，与被调查者一起针对问卷内容进行系统的探讨，以了解初始问卷在理解与表达上是否容易引起歧义、是否存在题项重复或缺失等问题；最后，依据访谈意见和结果对问卷初稿进行修改和完善。

其次，信度分析。该分析主要用于验证问卷测量结构的一致性和稳定性，是其他统计分析的基础。采用SPSS软件进行，Cronbach's α系数代表信度，大于0.7，意味着信度满足基本要求；在0.70到0.80之间，意味着信度可以接受；大于0.8，表示信度较高。具体信度分析结果如表5-3所示。结果表明量表信度较好，暂未有需要删除的不良题项。

表5-3　前测的信度分析结果

二阶概念	一阶概念（反映型概念）	测量题项	Cronbach's α
服务提供商信任	认知信任（CT）	8	0.89
	情感信任（ET）	5	0.95
	感知风险（PR）	3	0.87
	重复购买意向（RI）	3	0.84

在信度分析达到要求的基础上进行探索性因子分析。若KMO大于0.70、Bartlett显著，则意味着适合做EFA。一般而言，成熟量表可以直接进行验证性因子分析，但把西方量表翻译成中文后，需要重新考虑信度和效度的问题。探索性因子分析的作用在于分析问卷中各个题项的聚合性及测项对核心概念的反应程度。因此，对测项进行筛选不仅可以确保测项尽可能涵盖概念范围，而且可以有效精简测项。

　　首先，进行主成分分析，提取因子的原则为特征值大于 1；其次，通过最大方差法进行正交旋转，选取公因子大于 0.5，因子载荷大于 0.5 的测项；最后，结合信度分析的结果，对信度分析中不理想的概念进行探索性因子分析，为问卷题项的修改和删减提供依据。

　　以"认知信任"为例，展示题项删减的具体过程。首先，认知信任的KMO 为 0.84，Bartlett 显著，这意味着该样本可以继续探索性因子分析，具体分析结果如表 5 - 4 所示；其次，进行主成分分析，测量题项的公因子方差，如表 5 - 5 所示；最后，查看"认知信任"所有测项的解释方差，解释总方差为 88.5%，结果如表 5 - 4 所示。

表 5 - 4　前测的探索性因子分析

二阶概念	一阶概念	KMO	Bartlett（Sig.）	主成分	解释方差（%）
服务提供商信任	认知信任（CT）	0.84	0.000	1	88.5
	情感信任（ET）	0.81	0.000	1	90.1
	感知风险（PR）	0.77	0.000	1	83.3
	重复购买意向（RI）	0.75	0.000	1	70.1

表 5 - 5　前测：认知信任测项的因子分析结果

测量题项	公因子方差	成分矩阵
CT1	0.75	0.84
CT2	0.74	0.83
CT3	0.73	0.82
CT4	0.71	0.80
CT5	0.85	0.88
CT6	0.85	0.87
CT7	0.80	0.85
CT8	0.84	0.88

在探索性因子分析中的另一问题是主成分数量，用于说明概念的内部收敛效度。通过理论分析发现，以上概念均为反映型概念，且概念的主成分分析数量均为1，显示了概念的内部收敛效度较高，无须拆分为更小概念。根据上述方法，依次对其他概念进行统计分析，并对概念中少量存有问题的指标进行修改和完善，以形成正式问卷测量题项。

（三）正式数据收集与描述性统计

本书关注共享经济情境下重复购买过程中共享平台技术信任的调节效应，因此，样本主要来自近期使用过各共享平台或网站的消费者。同时使用纸质问卷和电子问卷两种形式进行正式数据收集，其中纸质版主要通过现场发放和校园拦截的方式对符合条件的消费者发放问卷350份，回收问卷261份；电子版主要通过问卷星平台和 Email 的方式发放问卷350份，回收问卷290份。剔除作答时间太短、填写不完整及未合理识别反向问题的问卷68，回收有效问卷483份，有效回收率为69%。

样本量符合研究要求，基于数据统计的结论具备较好的稳健性。人口特征与信任紧密相连，与信任相关的研究需要考虑人口学特征的影响。样本的人口学特征统计情况如表5-6所示。在样本的性别比例中，257份样本是男性、226份样本是女性，男性占比53.2%、女性占比46.8%，男性偏高。男性偏高可能存在的原因：一方面，可能与中国整体网民中男性占比稍高的特征相关；另一方面，或许与中国女性多使用配偶（或男友）注册账号进行网络交易的习惯相关，为了便于男方进行支付货款等目的。在样本的年龄结构中，20岁及以下的占了20.7%、21~30岁的占了48.9%、31~40岁的占了21.7%、40岁以上的占了9.1%。在样本的学历结构中，本科及以上的占62.4%，说明共享平台的消费者普遍接受过高等教育。在样本的月收入结构中，月收入在3000元及以下的占比37.5%，在3001~5000元的占比29.4%，在5000元及以上的占比21.7%。除其他类型外，学生比例累计占比41.4%，尽管资金有限，但学生与其他群体相比更擅长使用网络技术，对新生事物接受更快，也更倾向通过共享来降低自己的成本。最近 3 个月内交易的网站中，滴滴出行的消费者占比 56.4%、Airbnb 占比 22.7%、小猪短租占比 5.6%、其他网站占比 15.3%。

表 5 - 6 正式调查问卷：样本人口统计分析（n = 483）

特征	分类	样本数（份）	占比（%）	CNNIC 样本占比（%）
性别	男	257	53.2	55.1
	女	226	46.8	44.9
年龄（岁）	20 及以下	100	20.7	25.6
	21～30	236	48.9	31.4
	31～40	105	21.7	23.2
	41～50	44	9.1	13
	51 及以上	8	2	6.7
学历	高中及以下	54	11.2	79.4
	专科院校	128	26.5	8.8
	大学本科	194	40.2	11.8
	硕士研究生及以上	107	22.2	无该信息
月收入（元）	3000 及以下	181	37.5	64.4
	3001～5000	142	29.4	22.4
	5001～8000	105	21.7	8.2
	8001 及以上	55	11.4	5
工作类型	学生	200	41.4	24.6
	国家机关	45	9.3	4.1
	企事业单位	175	36.2	30.3
	其他类型（个体自由户、农村务工、退休、无业）	63	13	40.9
网站平台	滴滴出行	273	56.4	无该信息
	Airbnb	110	22.7	
	小猪短租	27	5.6	
	其他网站	73	15.3	

三、研究假设检验

（一）信效度分析

由于功能型技术信任和治理型技术信任是构成型概念，而其他概念是反映型概念，不同概念类型检验量表的方法有所不同。因此，先对共享平台技术信任概念的效度进行检验，再对其他反映型概念进行信效度检验。鉴于第三章和第四章已对功能型技术信任和治理型技术信任的测项进行开发和验证；同时，研究结果表明，量表信效度较好，因此，该部分主要对其他反映型概念的信效度进行重新检验。

1. 信度分析

评价指标主要是 Cronbach's α 系数，若 Cronbach's α 系数在 0.70 以上，表示信度能够满足基本要求；在 0.70 到 0.80 之间表示信度可以接受，信度在 0.80 以上，表示信度较高；在 0.90 以上，表示信度非常高。通常，经过多次优化且成熟的量表信度水平普遍较高。因此，在因子分析前，分析了每个概念的信度水平，具体分析结果如表 5 - 7 所示。结果表明，各个概念的 Cronbach's α 均大于 0.8，显示各量表的信度较好，无须重新设计问卷。

表 5 - 7　各概念信度与代表性统计量

概念	指标项总数	均值	方差	因子载荷	Cronbach's α	组合信度（CR）	平均抽取方差（AVE）
认知信任（CT）	8	5.40	1.04	0.82	0.89	0.93	0.70
		5.54	1.06	0.81			
		5.58	1.00	0.82			
		5.36	1.01	0.84			

续表

概念	指标项总数	均值	方差	因子载荷	Cronbach's α	组合信度（CR）	平均抽取方差（AVE）
认知信任（CT）	8	5.33	1.07	0.81	0.89	0.93	0.70
		5.66	1.04	0.76			
		5.39	0.99	0.85			
		5.77	1.09	0.77			
情感信任（ET）	5	5.43	1.04	0.84	0.82	0.87	0.61
		5.39	1.00	0.84			
		5.61	1.02	0.78			
		5.66	1.02	0.87			
		5.57	1.00	0.75			
感知风险（PR）	3	5.39	1.01	0.82	0.91	0.88	0.64
		5.44	1.01	0.84			
		5.34	1.01	0.81			
重复购买意向（RI）	3	5.31	1.04	0.86	0.87	0.89	0.71
		5.35	1.03	0.83			
		5.37	1.01	0.80			

对样本数据进行 KMO 值和 Bartlett 基础上的探索性因子分析。为了了解各指标间的相关性是否达到要求，在探索性因子分析前，进行了 KMO 和 Bartlett 球体测试。若 KMO 的值大于 0.70，Bartlett 测试统计值达到显著既定水平，则表示样本数据适合进行探索性因子分析。研究结果表明，KMO 均大于 0.70，Bartlett 统计值均显著，两者说明数据具有良好的相关性，具体分析结果如表 5-8 所示。KMO 和 Bartlett 指标均能满足要求，样本可以进行下一步探索性因子分析；同时，如表 5-7 和表 5-9 所示，各测项的因子载荷均在 0.70 以上，组合信度均大于 0.80，意味着每个概念上所有题项的相关性较高，能够较好地反映一个共同的理论概念。

2. 效度分析

通过验证性因子分析检验量表效度的适切性和真实性。问卷效度检验主要通过内容效度和建构效度两种效度检验来完全。内容效度是测验项目对所要测量的概念内容范围的代表性程度（Haynes et al.，1995），即测量题项是否可以准确预测和计算题项背后的原因逻辑；而建构效度主要通过区别效度以及收敛效度进行检验。

本书其他概念来源于已有经典文献，相应的量表也源于成熟量表，因此，可通过定性的方法保证这些量表的内容效度。首先，查找经典文献，确定关键概念的具体含义及实践例子；其次，结合变量的含义设计并修改题项；再次，反复核对不同词汇间含义的差别，以确保题项与概念间的一致性；又次，由本研究领域的专家和电商实践人员进一步审查，修改测项中表达不当或过于学术化的用语，并反复确认测项之间是否存在重叠问题等；最后，在前测结果的基础上进一步修改和完善题项，结合中国共享经济情境修改问卷题项，删除不符合该情境的内容。总体而言，各问卷的内容效度可以得到保证。

收敛效度要求用于测量相同概念的每个题项要有相似性和一致性。测量题项的收敛效度的评价指标主要包括以下三个方面：平均抽取方差（AVE）大于0.50；组合信度（CR）大于0.70；因子载荷大于0.70，同时达到显著性水平。研究结果如表5-8所示，各概念满足收敛效度的条件，各个测量题项共同反映了核心概念的内容。

表5-8　KMO值与Bartlett球体检验结果汇总表

变量	KMO值	Bartlett球体检验	
认知信任	0.90	近似卡方	165610.024
		自由度	149
		显著性	0.000
情感信任	0.88	近似卡方	3798.496
		自由度	10
		显著性	0.000
感知风险	0.78	近似卡方	1278.649
		自由度	4
		显著性	0.000

续表

变量	KMO 值	Bartlett 球体检验	
重复购买意向	0.89	近似卡方	9217.243
		自由度	33
		显著性	0.000

因子载荷显示了具体测项与因子间的相关系数，通过 SPSS 软件以方差最大化方向进行旋转。结果表明，各测项指标的因子载荷均在各自的概念上拥有的载荷最高且均大于0.70，具体结果如表5-9所示。各测项指标在其他概念上的跨因子载荷均小于0.40，验证了各概念测项间的收敛效度和判别效度。因此，各概念间因子结构具备较好的区分性。测项在其因子上的载荷系数越大，说明该测项对该概念的反映越高，因子解释力越强。

表5-9　测量题项因子分析结果

概念	指标	因子载荷			
		CT	ET	PR	RI
认知信任（CT）	CT1	0.836			
	CT2	0.829			
	CT3	0.828			
	CT4	0.801			
	CT5	0.776			
	CT6	0.875			
	CT7	0.846			
	CT8	0.778			
情感信任（ET）	ET1		0.869		
	ET2		0.766		
	ET3		0.811		
	ET4		0.779		
	ET5		0.833		

续表

概念	指标	因子载荷			
		CT	ET	PR	RI
感知风险 （PR）	RR1			0.819	
	RR2			0.810	
	RR3			0.814	
重复购买意向 （RI）	RI1				0.814
	RI2				0.776
	RI3				0.789

辨别效度的评判标准如下：概念间的相关系数均小于0.90；各潜变量AVE的平方根均大于其与其他潜变量间的相关系数；满足各概念测项的判别效度指标；满足各概念测项的收敛效度指标。结果如表5-9和表5-10所示，所有测项的因子载荷均在各自概念上载荷最大，在其他概念上的跨因子载荷均小于0.40。同时，各潜变量AVE的平方根均大于其与其他潜变量间的相关系数，表明量表具有较好的收敛效度和判别效度。因此，通过效度检验。同时，VIF方差膨胀因素值均小于4，条件指标值均小于10。因此，不存在多重共线性的问题。对全部测项进行因子分析，结果发现，未旋转的第一个主成分解释量为24.3%，并未占大多数，不存在同源误差问题。

表5-10 判别效度分析结果

潜变量	认知信任	情感信任	感知风险	重复购买意向
认知信任（CT）	0.84			
情感信任（ET）	0.55 ***	0.78		
感知风险（PR）	-0.35 **	-0.45 **	0.80	
重复购买意向（RI）	0.39 **	0.43 **	-0.54 ***	0.84

注：对角线上的数字是各潜变量AVE的平方根，其他数据为两两相关系数；＊＊P表示<0.01，＊＊＊P表示<0.001。

（二）直接因果检验

采用 AMOS19.0 对实证模型进行检验分析。在统计分析前，所有测项都进行了均值中心化处理。具体检验内容包括：第一，确定各个概念之间的影响方向（正向或负向）；第二，确定概念之间的影响强度，包括路径系数和显著性水平等。

1. 认知信任和情感信任对感知风险的影响

认知信任对感知风险的影响负向显著，路径系数为 -0.117，t 值为 1.795，$P < 0.01$；情感信任对感知风险的影响负向显著，路径系数为 -0.290，t 值为 1.976，$P < 0.01$。该研究结论进一步验证了消费者对服务提供商的信任可以作为降低消费者感知风险的重要因素。在共享经济活动中，交易往往是一个较为复杂的过程，影响的因素较多，且交易环境也会由于不确定因素发生变化。消费者基于以往交易经验建立的服务提供商信任，能够作为消费者持续交易或购买的重要因素。基于交易经验产生的服务提供商信任有助于消费者对商家做出更好的判断；同时，在一定程度上可以避免因不确定因素可能造成的行为误判。结果表明，与认知信任相比，情感信任对感知风险的影响作用更大。因此，提高消费者对服务提供商的信任尤其是情感信任，成为共享平台或企业提升消费者交易意向降低交易风险感知的重要策略。该研究结论进一步促进了对消费者感知风险影响因素的理解和认识。

2. 认知信任和情感信任对重复购买意向的影响

认知信任对重复购买意向的影响正向显著，路径系数为 0.145，t 值为 2.149，$P < 0.01$；情感信任对重复购意向的影响正向显著，路径系数为 0.126，t 值为 1.943，$P < 0.01$。该研究结论进一步验证了基于交易经验的服务提供商信任（认知信任和情感信任）对消费者重复购买决策的影响作用，消费者基于经验产生的服务提供商信任有助于提高消费者的重复购买意向。服务提供商信任在消费者重复购买意向的影响中具有基础性作用，能有效降低消费者的风险感知水平，提升交易意向。基于以往交易经验产

129

生的服务提供商信任，使消费者基于一手经验，亲身体会服务提供商的可信水平。当消费者发现与其交易的服务提供商是值得信任时，能激励消费者的交易意向。

3. 功能型技术信任和治理型技术信任对感知风险的影响

功能型技术信任对感知风险的影响负向显著，路径系数为 -0.097，t 值为 2.343，P < 0.05；治理型技术信任对感知风险的影响也是负向显著，路径系数为 -0.470，t 值为 5.769，P < 0.001。该研究结论验证了共享平台技术信任是有效降低消费者感知风险的重要因素，尤其是治理型技术信任的影响。尽管功能型技术信任能有效降低消费者的风险感知水平，但与治理型技术信任相比，功能型技术信任对感知风险影响的作用相对较低。该结论进一步说明了治理型技术信任在降低感知风险中的重要性。

4. 感知风险对重复购买意向的影响

感知风险对重复购买意向的影响负向显著，路径系数为 -0.625，t 值为 7.476，P < 0.001。消费者对服务提供商的信任有助于增加消费者的重复购买意向，部分原因在于信任降低了消费者的风险感知。感知风险是影响重复购买意向的关键因素。

（三）调节变量检验

本书关注的重点在于对共享平台技术信任不同维度构成（功能型技术信任和治理型技术信任）的调节效应的检验，分析了重复购买过程中共享平台技术信任的不同维度构成（功能型技术信任和治理型技术信任）与不同类型的服务提供商信任间的交互作用。现有网络信任研究主要基于初次购买视角分析技术信任的影响作用，将技术信任视为构建服务提供商初始信任的前置性因素，强调了技术信任在构建服务提供商初始信任中的重要性（Pavlou & Gefen, 2004；Ou et al., 2014；谢康等, 2016）；而对共享经济情境下重复购买过程中技术信任的作用研究不足。同时，重复购买过程中不同信任机制（共享平台技术信任与服务提供商信任）间的关系是替代还是互补，本书通过调节效应进行检验，共检验了四个调节关系。

现有调节变量的分析，主要包括分组分析和层次回归分析。其中分组分析适于离散型调节变量；层次回归分析适于连续型调节变量。由于本书的调节变量属于连续型的，因此，采用层次回归分析法。采用层次回归法检验调节变量需要执行以下三个步骤：第一步，只考虑考察前因变量与结果变量，形成模型1，用于检验直接影响效应；第二步，加入调节变量，将其作为前因变量与结果变量相连以检验调节变量对结果变量的直接影响效应，构成模型2；第三步，加入前因变量和调节变量的乘积项代表调节作用，将该乘积项作为前因变量加入模型2，同时考察前因变量、调节变量及两者间的乘积项对结果变量的影响，形成模型3。需要注意的是，在生成乘积项前，需要对前因变量的测项分值进行均值中心化处理，以降低前因变量与乘积项之间的多重共线性问题。

1. 功能型技术信任调节认知信任对感知风险的影响

功能型技术信任衡量的是用户感知共享平台或网站技术功能设计良好和有用的程度。功能型技术信任会影响消费者对共享网站或平台专业性等的判断，在直接影响过程中，认知信任能使消费者通过对服务提供商正直、善意和能力的理性分析和判断来衡量风险水平。功能型技术信任越强，认知信任对感知风险的影响作用会增强。对于这一调节作用，实证结果表明，功能型技术信任在认知信任影响感知风险中的调节作用显著，由表5－11可知，认知信任和功能型技术信任的乘积项的路径系数为0.134，t值为1.595，P小于0.05，支持了本书的理论假设。这一结果为共享平台或网站的信息技术设计和应用提供了启示。

表5－11 认知信任与功能型技术信任对感知风险的层次回归分析

变量	模型1		模型2		模型3	
	系数	t值	系数	t值	系数	t值
自变量						
认知信任	－0.117	1.795 **	－0.164	1.567 **	－0.108	1.468
功能型技术信任			0.097	2.343 *	0.107	2.673 *

续表

变量	模型 1		模型 2		模型 3	
	系数	t 值	系数	t 值	系数	t 值
调节变量						
认知信任 × 功能型技术信任					0.134	1.595 *

注：＊表示 P＜0.05，＊＊表示 P＜0.01。

2. 功能型技术信任调节情感信任对感知风险的影响

由表 5 – 12 可知，功能型技术信任的调节作用并不显著，实证结果并未支持共享平台技术信任的理论预期。但功能型技术信任的直接影响作用是显著的，表明了功能型技术信任对降低用户的感知风险具有重要作用。

表 5 – 12　情感信任与功能型技术信任对感知风险的层次回归分析

变量	模型 1		模型 2		模型 3	
	系数	t 值	系数	t 值	系数	t 值
自变量						
情感信任	－ 0.290	1.976 **	－ 0.286	1.766 **	－ 0.213	1.756
功能型技术信任			－ 0.097	2.343 *	－ 0.107	1.673 *
调节变量						
情感信任 × 功能型技术信任					0.021	0.072

注：＊表示 P＜0.05，＊＊表示 P＜0.01。

3. 治理型技术信任调节认知信任对感知风险的影响

由表 5 – 13 所示，治理型技术信任对认知信任对感知风险的调节作用是显著的，认知信任与治理型技术信任的乘积项的路径系数为 0.544，t 值为 6.789，P＜0.001。这表明治理型技术信任对于认知信任对感知风险影响的正向调节作用较强，体现出治理型技术信任与对商家的认知信任具有一定的互补效应，即两者在共同的作用下，对感知风险的影响作用增强，这在一定程度上体现了治理型技术信任与认知信任之间的互补关系。

表 5-13　认知信任与治理型技术信任对感知风险的层次回归分析

变量	模型 1		模型 2		模型 3	
	系数	t 值	系数	t 值	系数	t 值
自变量						
认知信任	-0.117	1.795**	-0.154	1.535**	-0.117	2.364
治理型技术信任			-0.470	5.769***	-0.324	3.646***
调节变量						
认知信任×治理型技术信任					0.544	6.789**

注：**表示 P<0.01，***表示 P<0.001。

4. 治理型技术信任调节情感信任对感知风险的影响

由表 5-14 可知，治理型技术信任在情感信任与感知风险之间关系起显著的负向调节作用。认知信任与治理型技术信任的乘积项的路径系数为 -0.278，t 值为 2.373，P<0.01。这表明当治理型技术信任增强时，情感信任对感知风险的影响作用会减弱。治理型技术信任削弱了情感信任在降低风险感知方面的作用。这在一定程度上体现了治理型技术信任与情感信任之间具有一定的替代效应。

表 5-14　情感信任与治理型技术信任对感知风险的层次回归分析

变量	模型 1		模型 2		模型 3	
	系数	t 值	系数	t 值	系数	t 值
自变量						
情感信任	-0.290	1.976**	-0.217	1.379**	-0.196	2.234**
治理型技术信任			-0.470	5.769***	-0.486	5.897***
调节变量						
情感信任×治理型技术信任					-0.278	2.373**

注：**表示 P<0.01，***表示 P<0.001。

四、结果与讨论

（一）主要结果

综合直接影响作用和调节影响作用检验，可以得到共享经济情境下重复购买过程中共享平台技术信任发挥调节作用的逻辑路径。本书分析了共享经济情境下共享平台技术信任的调节效应。以近期在各大共享平台或网站进行过交易的消费者为样本，实证研究了重复购买过程中共享平台技术信任的调节效应。实证结果部分支持了本书所提出的共享平台技术信任的调节效应模型。第一组发现包括以下几个结果：

（1）认知信任正向影响重复购买意向。

（2）情感信任正向影响重复购买意向。

（3）认知信任负向影响感知风险。

（4）情感信任负向影响感知风险。

（5）功能型技术信任负向影响感知风险。

（6）治理型技术信任负向影响感知风险。

（7）感知风险负向影响重复购买意向。

实证（1）、（2）、（3）、（4）、（5）、（6）和（7）形成了该部分的第一个主要研究结论，即共享平台技术信任包括功能型技术信任和治理型技术信任，能有效降低消费者的风险感知；与功能型技术信任相比，治理型技术信任对风险感知的影响更大。

第二组发现包括以下几个研究结果：

（8）共享平台技术信任（功能型技术信任和治理型技术信任）在认知信任对感知风险的影响中起正向调节作用，体现了共享平台技术信任与认知信任在降低感知风险的作用中形成良好的互补关系。

（9）治理型技术信任在情感信任对感知风险影响中的调节作用负向显著，体现了治理型技术信任和情感信任在降低感知风险的作用中形成替代关系。

（10）功能型技术信任在情感信任对感知风险影响中的调节作用不显著。

以上结果共同形成第二个研究结论。结果表明，共享情境下共享平台技术信任的不同维度构成在重复购买过程中具有调节性作用，其与不同类型服务提供商信任间的交互在降低感知风险的作用中可以体现出互补和替代的关系。具体实证结果如图 5－2 和图 5－3 及表 5－15 所示。

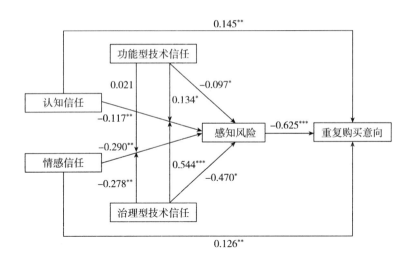

图 5－2　共享平台技术信任的调节效应

注：＊表示 P＜0.05，＊＊表示 P＜0.01，＊＊＊表示 P＜0.001。

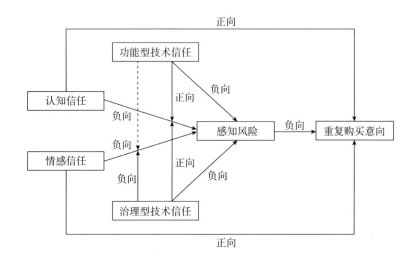

图 5 - 3　共享平台技术信任的调节效应实证结果

表 5 - 15　研究假设实证检验结果汇总

理论假设	对应假设	路径系数	T 值	结论
H1a	认知信任→重复购买意向	0.145	2.149	支持
H1b	情感信任→重复购买意向	0.126	1.943	支持
H2a	认知信任→感知风险	-0.117	1.796	支持
H2b	情感信任→感知风险	-0.290	1.976	支持
H3a	功能型技术信任→感知风险	-0.097	2.343	支持
H3b	治理型技术信任→感知风险	-0.470	5.769	支持
H4	感知风险→重复购买意向	-0.625	7.476	支持
H5a	功能型技术信任×认知信任→感知风险	0.134	1.595	支持
H5b	治理型技术信任×认知信任→感知风险	0.544	6.789	支持
H5c	功能型技术信任×情感信任→感知风险	0.021	0.072	不支持
H5d	治理型技术信任×情感信任→感知风险	-0.278	2.373	支持

（二）讨论

下面探讨共享经济情境下共享平台技术信任的调节效应研究，主要围绕两个方面展开讨论。

1. 共享平台技术信任维度

共享平台技术信任包括功能型技术信任和治理型技术信任两个维度。

首先，功能型技术信任对感知风险存在负向影响。功能型技术信任不仅包括基于对网站安全的信念，还包括对网站设计的信念和对网站效用的信念。这一研究结论进一步拓展了 Ratnasingam 和 Pavlou（2004）及 McKnight 等（2011）对技术信任研究的研究。Ratnasingam 和 Pavlou（2004）提出了基于技术担保和第三方保护机制等形成的技术信任，认为技术担保和第三方保护机制能有效保障网站的安全和稳定，提高用户的信任并降低风险感知。但该研究仅关注了对网站内个别安全技术的信任信念（如第三方认证等），并未探讨当网站本身作为一种技术时，网站整体的技术设计对用户信任和风险感知的影响。McKnight 等（2011）针对具体的信息技术对技术信任进行了界定和研究，但并未说明不同情境下的技术信任是否有差异，共享平台技术信任是否具有区别特征。此外，本书的研究结论与 Dinev 等（2013）的研究结论思想一致。Dinev 等（2013）提出基于信息技术的信息控制战术，并指出技术的保密性和机密性能有效对信息进行控制，使用户与服务器之间的通信无法被攻击者窃听，保证网络传输过程中数据的安全，进而降低用户的感知风险。

其次，治理型技术信任对感知风险也存在负向影响作用，该研究结论与 Vance 等（2015）的结论思想具有一致性。Vance 等（2015）指出，用户基于身份认证、监控和评价等技术形成的可识别意识、监控意识和评价意识能有效增强用户的问责感，进而降低用户的机会主义行为。同时，该研究结论进一步推进了现有功能视角的技术信任研究（McKnight et al.，2011），综合考虑了功能型技术信任和治理型技术信任，分析了两类技术信任对感知风险的差异性影响。

研究发现，尽管功能型技术信任有助于降低用户的感知风险，但与治理型技术信任相比，影响作用小。该研究结论进一步推进了共享平台技术信任的理论探讨。一方面，现有研究侧重探讨技术的底层设计和基础功能，如 Ratnasingam 和 Pavlou（2004）提出了基于 B2B 电商基于技术的基础功能和底层控制机制产生的信任信念；McKnight 等（2011，2015）主要探讨了由技术自身特点（功能性、可靠性和有用性）产生的信任信念，较少同时关注技术治理产生的信任信念。另一方面，本书不仅在现有研究基础上对功能型技术和治理型技术做了更加详细的区分，同时还对比了功能型技术信任和治理型技术信任在降低用户风险感知方面的价值。现有研究指出，信息技术具有治理作用，在电商领域，Steinauer 等（1997）考察了认证机制作为一种信息技术提高消费者信任的途径，指出认证机制可以将个体或组织实体与行为结果相联系，降低用户的违规行为；Ae 等（2012）指出，信息技术可以通过监视和控制用户行为促进信息透明，进而减少负面行为；Vance 等（2013，2015）研究发现，通过技术设计（可识别意识、监控意识、评价意识等）能有效增强用户的问责感，提高用户的负责任行为，进而降低用户违反政策的概率。综上所述，研究表明信息技术具有治理价值。现有技术信任文献或侧重关注技术的底层设计和基础功能，或仅考虑技术对机会主义行为的治理作用，缺乏对共享经济情境下共享平台技术产生的信任信念的系统性研究。本研究的贡献之一在于，对功能型技术信任和治理型技术信任进行统筹考量，同时比较了功能型技术信任和治理型技术信任。具体提出，治理型技术信任比功能型技术信任在降低用户感知风险上可以发挥更显著的作用。

2. 共享平台技术信任调节效应

现有网络信任研究主要基于初次购买视角分析技术信任的影响作用，将技术信任视为构建服务提供商初始信任的前置性因素，强调了技术信任在构建服务提供商初始信任中的重要性，而对重复购买视角下技术信任的作用研究不足。在初次购买过程中，买卖双方缺乏直接的交互经历，消费者对商家的信任建立于制度和技术环境及其他二手信息的基础上。由于双方交互经验的缺失，买家对卖家往往是陌生的。因此，初次购买过程中技术信任成为影响服务提供商信任的前置性因素。例如，Ou 等（2014）考察了交流技术在构建商家初始信任和快关系中的前置性作用。研究发现，交流技术的有效使用有助于促进消费者与商家的互动和临场感，进而构建消费者对商家的初始信任，消费者通过与商家的具体交易经验形成对商家做出判断的一手信息。谢康等（2016）考察了在线虚拟社区中技术信任对人际信任的影响作用。研究发现，对技术的信任能有效提高人际间的信息共享和知识学习，进而影响人际信任。以上研究均表明，在初次购买过程中，技术信任对服务提供商信任的形成具有重要的前置性作用。在重复购买过程中，以往交互经验和交易经历成为消费者对商家做出判断的主要决策依据（Fang et al.，2014）。而经验信任对风险的评估往往取决于消费者对所处环境的判断（Hsu et al.，2014；Gefen & Pavlou，2012）。本书侧重考察技术环境因素，如果消费者感知技术环境是稳定的，一手经验往往会被认为是持续可靠的；反之，消费者通常会怀疑以往经验的可靠性。因此，共享经济情境下共享平台技术信任在重复购买过程中具有调节作用。具体而言，共享平台技术信任（功能型技术信任和治理型技术信任）在认知信任对感知风险的影响中起正向调节作用；治理型技术信任在情感信任对感知风险的影响中起负向调节作用；功能型技术信任在情感信任对感知风险影响中的调节作用不显著。这说明与初次购买相比，重复购买过程中共享平台技术信任在服务提供商信任对感知风险的影响中具有调节作用。不同购买阶段，技术信任的影响作用具有差异性。鉴于本书并未基于所开发的共享平台技术信任模型和量表对初次交易过程中的共享平台技术信任影响作用进行验证，因此，未来可以在所开发的概念和量表的基础上对初次交易过程中共享平台技术信任的影响作用进行探讨和验证。

抽象而言，治理理论在理论方面有两种最基础的假设，即经济人假设和社会人假设。本书在以上两种假设的基础上，基于网络信任和混合治理理论，提出了共享经济情境下共享平台技术信任的调节效应模型。经济人假设和社会人假设所看重的信任有所差别，认知信任更理性，认知信任常常与个人利益的关注相联系，因此在经济人假设条件下，认知信任的权重会大于情感信任（Chen et al.，1998）。经济人假设人类行为的目标是最大化个体效应，即经济理性。以此为基础，围绕个体效用分析人的行为。认知信任是基于社会交换框架下，买方基于理性计算对服务提供商能力、正直和善意等特征的认知（韦慧民和龙立荣，2009）。双方之间的信任关系是建立在理性、互惠基础上的交换关系，信任的主要动机和目的以工具性为导向，个体理性占上风。本书提出并验证的认知信任与共享平台技术信任间交互的理论逻辑就是建立在这个基础上的。理性人假设认为，如果人们是理性的，那么经济主体通常会充分利用所得到的信息进行成本—收益分析以降低发生错误的概率实现利益最大化和风险最小化（Chen & Yang，2007）。此时，信息来源间的关系倾向于互补和补充，而信任信念源于对所获信息的判断。因此，共享平台技术信任正向调节认知信任对感知风险的影响，共享平台技术信任和认知信任更倾向于互补效应。

不同于经济人假设，许多社会学者和管理学者提出，任何经济人都具有社会属性，有社会关系和社会需求。在社会人假设条件下，更看重情感信任，在情感信任上给予的权重会大于认知信任，而情感信任的主要动因是为了维护彼此对关系的承诺（Chen et al.，1998）。情感依恋、归属感、愉悦感和自我呈现等许多社会性和关系性因素都会对人的行为产生影响。当双方具有一定的情感联系和社会关系时，人们的行为不只是受经济效用的影响，还会受到情感因素的影响。情感信任反映了信任双方特定的情感联系，买方认为卖方是真正关心其利益和感受的，从而产生情感依恋和投入，期望能够获得归属感和认同感，这更多是一种非理性或感性的情感表现（韦慧民和龙立荣，2009），其信任的主要出发点是表达自我的动机，是建立在个人好感、情感共鸣基础上的信任，是表现自己获取情感归属的一种方式。例如，访谈过程中，访谈对象说："节日时，曾经的房东给我发了贺卡和节日祝福，让我感觉温暖、有人情味，这让我回忆起了当初在那里的快乐时光。"用户与服务提供商建立的情感联系越紧密，越认为房东会关心房客的切身利益。社会人假设认为，当用户为非理性或感性时，买家受情绪和情感的影响，通常会简化可得信息和心理账户、忽略部分信息，强调心理性收益和社交性收益，如情感归属、愉悦感和自我呈现等。此时，决策判断的信息源之间的关系倾向于简化和替代，更关注超越经济契约的关系性质。

本书提出并验证的情感信任和共享平台技术信任间交互的理论逻辑就是建立在这个基础上的。其中，治理型技术作为具有约束和监督作用的信息技术，扮演着更多的理性角色，会干扰和削弱人与人之间的情感作用。因此，治理型技术信任与情感信任之间更倾向于替代关系。当交易双方拥有足够的情感信任时，则技术的治理作用不显著。因为，当消费者对商家的信任上升至情感联系时，情感信任越强，治理型技术信任起到的作用越弱。情感信任可能会削弱治理型技术信任在降低感知风险中的作用。该研究结论与 Liu 和 Goodhue（2012）的结论思想具有一致性。Liu 和 Goodhue（2012）提出了"信任临界点"的概念，考察了信任对顾客再次浏览网站意向的影响。用户通过对特定情境下网站可信度的分析，判断信任所处的位置。如果信任处于临界点下时，用户通常认为该网站具有较低的信任度，仍存在风险担忧，往往需要通过获取更多信息做出合理性判断；而当信任处于临界点上时，用户通常认为该网站具有较高的信任度。由于人类是"认知的懒惰者"（Feldman & Lynch，1988），通常会节省自身的认知资源，侧重关注相关性最高且最易获取的记忆资源。功能型技术信任在情感信任对感知风险中的调节作用不显著，这可能是因为功能型技术与治理型技术相比更加客观。当消费者对服务提供商形成情感信任时，功能型技术信任对消费者感知风险的影响作用较弱。但功能型技术信任对感知风险的直接影响作用显著。因此，本书依旧证实了功能型技术信任在降低感知风险中的重要性。以上分析表明，在重复交易过程中，共享平台技术信任与不同类型的服务提供商信任在降低感知风险方面形成不同的交互作用。其中功能型技术信任和治理型技术信任分别与认知信任在降低消费者感知风险方面具有互补效应，而治理型技术信任与情感信任在降低消费者感知风险方面呈现替代效应，治理型技术信任可能会削弱情感信任在降低感知风险方面的作用。

第六章
结论与展望

本书主要获得以下两方面的研究结论：

（一）共享平台技术信任包括功能型技术信任和治理型技术信任两个维度

共享平台技术信任作为研究的核心概念和主要变量，界定其概念、开发其维度是非常必要的，这是本书创新性研究成果之一。本书界定了共享平台技术信任的内涵，探索了其维度构成，构建了测量模型。共享平台技术信任是指用户对确保交易顺利实现的共享平台信息技术的信任信念，包括功能型技术信任和治理型技术信任两个维度。这两个核心范畴具有内在的结构特征，其中功能型技术信任包括对网站设计的信念、对网站效用的信念、对网站安全的信念三个次要范畴；治理型技术信任包括对技术监督的信念和对技术控制的信念两个次要范畴。本书不仅对功能型技术信任和治理型技术信任进行了详细的区分，同时对比了功能型技术信任和治理型技术信任在降低用户风险感知方面的差异性影响。研究发现，尽管功能型技术信任有助于降低用户的感知风险，但与治理型技术信任相比，影响作用更小。本书的另一个贡献在于，比较了功能型技术信任和治理型技术信任，具体提出治理型技术信任比功能型技术信任在降低用户感知风险上可以发挥更显著的作用。

（二）共享经济情境下共享平台技术信任具有调节作用

本书具体考虑了网络交易的两个阶段：一是初次交易。现有研究已经探讨了，在初次交易过程中技术信任是构建服务提供商信任的前置性因素。二是重复购买。着重从理论逻辑的角度探讨共享经济情境下重复交易过程中共享平台技术信任的影响作用。研究发现，与初次交易不同，在重复交易过程中，共享平台技术信任在服务提供商信任对感知风险的影响中具有调节作用。具体而言，共享平台技术信任（功能型技术信任和治理型技术信任）在认知信任对感知风险的影响中起正向调节作用；治理型技术信任在情感信任对感知风险的影响中起负向调节作用；功能型技术信任在情感信任对感知风险影响中的调节作用不显著。这说明与初次交易相比，重复交易过程中共享平台技术信任在服务提供商信任对感知风险的影响中具有调节作用。

二、理论创新与管理启示

（一）理论创新

通过比较本书的研究结论与以往研究结论，可以得到本书的理论贡献，主要体现在两个方面，与前文的预期贡献基本一致，分别对应两个已有研究主题。因此，结合现有研究成果，本书主要有以下两方面的理论创新：

第一，在提出并界定共享平台技术信任概念的基础上，将其分为功能型技术信任和治理型技术信任两个维度，构建了共享平台技术信任测量模型并开发了测量量表，深入分析了两类技术信任对感知风险的差异性影响，拓展并深化了技术信任的理论研究。

现有技术信任文献或侧重关注技术的底层设计和基础功能，或仅考虑技术对机会主义行为的治理作用，缺乏对共享经济情境下共享平台技术产生的信任信念的系统性研究。针对现有研究盲点，提出并界定了共享平台技术信任的概念，并在对概念的具体测量中综合考虑了功能型技术信任和治理型技术信任。研究发现，功能型技术信任和治理型技术信任共同构成共享平台技术信任。本书深入分析了两类技术信任对感知风险的差异性影响。具体来讲，与治理型技术信任相比，功能型技术信任对感知风险的影响作用更小。因此，治理型技术信任在降低感知风险方面比功能型技术信任更重要。此外，将提出的共享平台技术信任模型与现有技术信任模型进行了对比分析，结果证明，在探讨共享平台技术信任对使用意向和感知风险的影响上，本书提出的共享平台技术信任模型具有更强的解释力和预测力。这些内容深化了对技术信任的理论研究和探讨。在共享经济领域，深化了技术信任的认识，论证了共享平台信息技术作为一种 IT 具有功能性和治理性，并发现这两种属性会通过信息技术的使用体现。这一研究结论同时还丰富了信息技术价值研究，尤其是共享经济信息技术价值研究的研究范畴和理论逻辑。

第二，基于网络信任和混合治理理论提出了共享经济情境下共享平台技术信任的调节效应模型，对技术信任和人际信任之间的混合治理进行了探讨。

现有网络信任研究主要基于初次交易视角将技术信任视为构建服务提供商初始信任的重要前置因素，强调了技术信任在构建服务提供商初始信任中的重要性，而对重复交易过程中共享平台技术信任的作用研究不足。本书基于网络信任和混合治理理论着重探讨共享经济情境下重复交易过程中共享平台技术信任的作用研究，提出了共享经济情境下共享平台技术信任的调节效应模型。研究发现，重复交易过程中共享平台技术信任具有调节作用，其中共享平台技术信任与认知信任呈现良好的互补关系；治理型技术信任与情感信任呈现替代关系。具体来讲，一方面，提高共享平台技术信任能够增进消费者对服务提供商的理性认知，降低消费者在交易过程中的感知风险，进而促进消费者的重复购买意向；另一方面，当治理型技术信任增强时，情感信任对感知风险的影响作用会减弱。因此，如果共享平台或企业不断地提升技术建设，不仅导致资源的浪费，还有可能削弱情感信任在降低感知风险中的作用。

（二）管理启示

课题研究不仅要具备理论相关性，推动理论的发展；而且要具备实践相关性，对管理实践具有启发和指导意义。基于上述的理论创新，本书为企业实践者提供了两方面的管理启示：

1. 服务提供商方面

（1）发现服务提供商认知信任对重复使用意向有正向作用。该结果启示，入住共享平台的服务提供商需要注重自身能力、善意和正直的建设，以增加用户对服务提供商的认知信任水平，减少自身特征对用户造成的消极影响。

（2）服务提供商情感信任对重复使用意向具有正向影响。该结果启示，服务提供商需要加强与用户的沟通和情感联系，通过增加用户对服务提供商的情感信任促进用户的重复使用。

2. 企业平台方面

（1）为共享企业或平台的技术设计提供借鉴，使共享企业或平台在技术设计和开发上进行量化分析成为可能。借鉴本书的研究思路和具体结论，共享经济企业或平台可以结合自身情况，通过技术信任问卷测量工具发掘有针对性的技术要素，在共享企业或平台的设计过程中融入该要素，提高消费者对平台的技术信任水平。

（2）为共享企业或平台理解和提升消费者的共享信任，制定发展策略提供借鉴。研究发现技术信任具有重要的调节作用。第一，技术信任能够增加认知信任对感知风险的负向影响。针对该结果，对技术发展较完善的共享平台，企业应对尚未与服务提供商建立情感联系的理性认知消费者加强宣传和展示平台技术措施，强化用户对平台的技术认识。对技术发展尚不完善的共享平台，企业要想办法尽快完善平台技术。同时，对于未与消费者建立情感联系的初创型共享企业，建议注重技术投入，综合考量功能型技术和治理型技术，其中治理型技术尤为重要。通过提高消费者的技术信任，增进消费者对服务提供商的理性认知。第二，技术信任能够降低情感信任对感知风险的负向影响。该结论说明情感信任与技术信任之间存在替代效应，对技术尚不完善的共享平台，可通过加强与用户的情感连接来弥补技术措施的不足，进而促进用户的重复使用。同时，对于已经与消费者建立情感信任的成熟型企业，单方面持续提升技术建设可能无法达到理想效果，甚至还可能削弱情感信任在降低感知风险中的作用。

（3）为共享企业或平台进行技术展示提供有益借鉴。通过消费者访谈发现，尽管共享平台为确保交易顺利实现开发了大量技术及措施，但由于缺少足够的宣传，消费者普遍缺乏有效了解。如果企业针对的目标消费群体，主要是未与企业建立情感联系的理性认知消费者，企业应通过展示具有治理属性的信息技术及基于信息技术制定的措施，让消费者可以更多、更深入地了解，以提升消费者的购买意向。如果企业针对的目标消费群体主要是已与服务提供商建立情感联系的消费者，建议不偏重展示治理型技术，强化与消费者之间的情感联系。

三、研究局限与未来展望

本书的研究不足主要体现在以下几方面：

首先，共享企业或平台具有行业性特征和阶段性特征。未来可以基于本书提出的共享平台技术信任调节效应模型，在不同行业中进行验证以考察研究框架的适用性。同时，随着新技术的不断出现，未来可以依据具体的技术实践对共享平台技术信任进行持续性研究。

其次，研究方法主要采用扎根理论和横向问卷调查法，尽管这些方法对难以观察到的因素（如信任信念）比较有效，但也会产生社会赞许效应等方面的问题。采用横向问卷调查难以有效观察研究变量间的因果关系，未来可采用多种研究方法相结合，如实验或纵向问卷调查等，推断共享平台技术信任与其他变量间的因果关系，使数据偏差最小化。同时，并未对网站提供者本身作为服务提供商与平台中的具体服务提供商两种情形进行区别。

再次，研究量表方面。除共享平台技术信任由本书开发，其余量表均来自英文期刊，可能无法百分之百适合中国情境。尽管本书课题组在量表设计、分析、前测和修订过程中做了大量工作，但仍可能有潜在的未被探知的测量问题。但就目前而言，各项测量指标都基本合格，做出较大变动的题项也通过了信度和效度检验。因此，在逻辑上，量表即使存在一定问题，但在统计意义上并不影响研究的有效性。

最后，仅考虑了共享平台技术信任和对服务提供商的人际信任在降低风险和促进重复交易方面中的作用。未来可以对技术信任和法律制度信任在共享经济市场中的作用进行对比分析。本书研究模型不仅没有否认有效的法律制度在共享经济市场中的重要作用，而且相信技术信任、制度信任和人际信任三种信任机制可以为促进在线交易提供更加整合的视角。同时，并未对品牌对信任的影响进行控制，未来可以对品牌等因素加以控制以增强模型的解释力。

参考文献

［1］Adipat B, Zhang D, Zhou L. The effects of tree – view based presentation adaptation on mobile web browsing ［J］. MIS Quarterly, 2011, 35 (1): 99 – 122.

［2］Ae C S, Luna – Reyes L F, Sandoval – Almazán R, Carlo Bertot J, Jaeger P T, Grimes J M. Promoting transparency and accountability through ICTs, social media, and collaborative e – government ［J］. Transforming Government: People, Process and Policy, 2012, 6 (1): 78 – 91.

［3］Allen N J, Meyer J P. The measurement and antecedents of affective, continuance and mative commitment to the organization ［J］. Journal of Occupational Psychology, 1990, 63 (1): 1 – 18.

［4］Alvesson M, Kärreman D. Constructing mystery: Empirical matters in theory development ［J］. Academy of Management Review, 2007, 32 (4): 1265 – 1281.

［5］Anderson J C, Gerbing D W. Predicting the performance of measures in a confirmatory factor analysis with a pretest assessment of their substantive validities ［J］. Journal of Applied Psychology, 1991, 76 (5): 732 – 740.

［6］Ba S, Pavlou P A. Evidence of the effect of trust building technology in electronic markets: Price premiums and buyer behavior ［J］. MIS Quarterly, 2002, 26 (3): 243 – 268.

［7］Bakos J Y, Brynjolfsson E. From vendors to partners: Information tech-

nology and incomplete contracts in buyer – supplier relationships [J]. Journal of
Organizational Computing and Electronic Commerce, 1993, 3 (3): 301 – 328.

[8] Bamberger P. From the editors beyond contextualization: Using context
theories to narrow the micro – macro gap in management research [J]. Academy
of Management Journal, 2008, 51 (5): 839 – 846.

[9] Banker R D, Bardhan I R, Chang H, Lin S. Plant information sys-
tems, manufacturing capabilities, and plant performance [J]. MIS Quarterly,
2006, 30 (2): 315 – 337.

[10] Bardhi F, Eckhardt G. Access – based consumption: The case of car
sharing [J]. Journal of Consumer Research, 2012, 39 (4): 881 – 898.

[11] Barney J B, Hansen M H. Trustworthiness as a source of competitive
advantage [J]. Strategic Management Journal, 1995, 15 (4): 175 – 190.

[12] Bart Y, Shankar V, Sultan F, Urban G L. Are the drivers and role of
online trust the same for all web sites and consumers? A large – scale exploratory
empirical study [J]. Journal of Marketing, 2005, 69 (4): 133 – 152.

[13] Baumeister R F. A self – presentational view of social phenomena [J].
Psychological Bulletin, 1982, 91 (1): 3 – 26.

[14] Belk R. You are what you can access: Sharing and collaborative con-
sumption online [J]. Journal of Business Research, 2014, 67 (8): 1595 –
1600.

[15] Benbasat I, Barki H. Quo vadis TAM? [J]. Journal of the Associa-
tion for Information Systems, 2007, 8 (4): 211 – 218.

[16] Benlian A, Hess T. The signaling role of IT features in influencing
trust and participation in online communities [J]. International Journal of Elec-
tronic Commerce, 2011, 15 (4): 7 – 56.

[17] Bhattacherjee A. Understanding information systems continuance: An
expectation – confirmation model [J]. MIS Quarterly, 2001, 25 (3): 351 –
370.

［18］ Blanco C F, Sarasa R G, Sanclemente C O. Effects of visual and textual information in online product presentations: Looking for the best combination in website design ［J］. European Journal of Information Systems, 2010, 19 (6): 668 - 686.

［19］ Blau P M. Exchange and power in social life ［M］. New York: Transaction Publishers, 1964: 166 - 169.

［20］ Bollen K A, Davis W R. Causal indicator models: Identification, estimation, and testing ［J］. Structural Equation Modeling: A Multidisciplinary Journal, 2009, 16 (3): 498 - 522.

［21］ Bucher E, Fieseler C, Lutz C. What's mine is yours (for a nominal fee) – exploring the spectrum of utilitarian to altruistic motives for Internet – mediated sharing ［J］. Computers in Human Behavior, 2016 (62): 316 - 326.

［22］ Burt R S. Interpretational confounding of unobserved variables in structural equation models ［J］. Sociological Methods & Research, 1976, 5 (1): 3 - 52.

［23］ Cattell R. The scientific use of factor analysis in behavioral and life sciences ［M］. New York: Springer Science & Business Media, 2012: 510 - 511.

［24］ Cenfetelli R T, Bassellier G. Interpretation of formative measurement in information systems research ［J］. MIS Quarterly, 2009, 33 (4): 689 - 707.

［25］ Chakraborty G, Lala V, Warren D. An empirical investigation of antecedents of B2B websites' effectiveness ［J］. Journal of Interactive Marketing, 2002, 16 (4): 51 - 72.

［26］ Chan D, Schmitt N. Video – based versus paper – and – pencil method of assessment in situational judgment tests: Subgroup differences in test performance and face validity perceptions ［J］. Journal of Applied Psychology, 1997, 82 (1): 143 - 159.

［27］ Chang M K, Cheung W, Lai V S. Literature derived reference models for the adoption of online shopping ［J］. Information & Management, 2005, 42（4）: 543 – 559.

［28］ Chang M K, Cheung W, Tang M. Building trust online: Interactions among trust building mechanisms ［J］. Information & Management, 2013, 50（7）: 439 – 445.

［29］ Chen C C, Chen X P, Meindl J P. How can cooperation be fostered? The cultural effects of individualism – collectivism ［J］. Academy of Management Review, 1998, 23（2）: 285 – 304.

［30］ Chen F, Zhang L, Latimer J. How much has my co – worker contributed? The impact of anonymity and feedback on social loafing in asynchronous virtual collaboration ［J］. International Journal of Information Management, 2014, 34（5）: 652 – 659.

［31］ Chen Z, Yang X. Heterogeneous beliefs, trading volume, and seemingly emotional sock market behavior ［J］. Tsinghua Science & Technology, 2007, 12（3）: 352 – 360.

［32］ Churchill Jr G A. A paradigm for developing better measures of marketing constructs ［J］. Journal of Marketing Research, 1979, 16（1）: 64 – 73.

［33］ Clark L A, Watson D. Constructing validity: Basic issues in objective scale development ［J］. Psychological Assessment, 1995, 7（3）: 309 – 319.

［34］ Cohen M R. The basis of contract ［J］. Harvard Law Review, 1932, 46（4）: 553 – 592.

［35］ Colquitt J A. On the dimensionality of organizational justice: A construct validation of a measure ［J］. Journal of Applied Psychology, 2001, 86（3）: 386 – 400.

［36］ Comrey A L, Lee H B. A first course in factor analysis ［M］. London: Psychology Press, 2013: 89 – 91.

［37］ Corbin J, Strauss A. Basics of qualitative research: Techniques and procedures for developing grounded theory ［M］. Los Angeles: Sage Publications, 2014: 69 – 71.

［38］ Cyr D. Modeling web site design across cultures: Relationships to trust, satisfaction, and e – loyalty ［J］. Journal of Management Information Systems, 2008, 24（4）: 47 – 72.

［39］ Das T K, Teng B. Trust, control, and risk in strategic alliances: An integrated framework ［J］. Organization Studies, 2001, 22（2）: 251 – 283.

［40］ Deng L. Affect in web interfaces: Astudy of the impacts of web page visual complexity and order ［J］. MIS Quarterly, 2010, 34（4）: 711 – 730.

［41］ Devellis R F. Scale development: Theory and applications ［M］. Los Angeles: Sage Publications, 2012: 111 – 113.

［42］ Diamantopoulos A. The error term in formative measurement models: Interpretation and modeling implications ［J］. Journal of Modelling in Management, 2006, 1（1）: 7 – 17.

［43］ Diamantopoulos A, Riefler P, Roth K P. Advancing formative measurement models ［J］. Journal of Business Research, 2008, 61（12）: 1203 – 1218.

［44］ Diamantopoulos A, Winklhofer H M. Index construction with formative indicators: An alternative to scale development ［J］. Journal of Marketing Research, 2001, 38（2）: 269 – 277.

［45］ Diener E, Fraser S C, Beaman A L, Kelem R T. Effects of deindividuation variables on stealing among Halloween trick – or – treaters ［J］. Journal of Personality and Social Psychology, 1976, 33（2）: 178 – 183.

［46］ Dimoka A, Hong Y, Pavlou P A. On product uncertainty in online markets: Theory and evidence ［J］. MIS Quarterly, 2012, 36（2）: 395 – 426.

［47］ Dinev T, Xu H, Smith J H, et al. Information privacy and correlates: An empirical attempt to bridge and distinguish privacy – related concepts [J]. European Journal of Information Systems, 2013, 22 (3): 295 – 316.

[48] Dou W, Lim K H, Su C, Zhou N, Cui N. Brand positioning strategy using search engine marketing [J]. MIS Quarterly, 2010, 34 (2): 261 – 279.

[49] Edelman B, Luca M, Svirsky D. Racial discrimination in the sharing economy: Evidence from a field experiment [J]. American Economic Journal Applied Economics, 2015, 9 (2): 1 – 22.

[50] Edwards J R. The fallacy of formative measurement [J]. Organizational Research Methods, 2011, 14 (2): 370 – 388.

[51] Everard A, Galletta D F. How presentation flaws affect perceived site quality, trust, and intention to purchase from an online store [J]. Journal of Management Information Systems, 2005, 22 (3): 56 – 95.

[52] Fang Y, Qureshi I, Sun H, Mccole P, Ramsey E, Lim K H. Trust, satisfaction, and online repurchase intention: The moderating role of perceived effectiveness of e – commerce institutional mechanisms [J]. MIS Quarterly, 2014, 38 (2): 407 – 427.

[53] Fang B, Ye Q, Law R. Effect of sharing economy on tourism industry employment [J]. Annals of Tourism Research, 2016, 57 (3): 264 – 267.

[54] Featherman M S, Pavlou P A. Predicting e – services adoption: A perceived risk facets perspective [J]. International Journal of Human – Computer Studies, 2003, 59 (4): 451 – 474.

[55] Feldman J M, Lynch Jr. J G. Self – generated validity and other effects of measurement on belief, attitude, intention and behavior [J]. Journal of Applied Psychology, 1988, 73 (3): 421 – 435.

[56] Felson M, Spaeth J. Community structure and collaborative consumption [J]. American Behavioral Scientist, 1978, 21 (4): 614.

[57] Gardner T M. Interfirm competition for human resources: Evidence

from the software industry [J]. Academy of Management Journal, 2005, 48 (2): 237 – 256.

[58] Geen R G. Social motivation [J]. Annual Review of Psychology, 1991, 42 (1): 377 – 399.

[59] Gefen D, Benbasat I, Pavlou P. A research agenda for trust in online environments [J]. Journal of Management Information Systems, 2008, 24 (4): 275 – 286.

[60] Gefen D, Karahanna E, Straub D W. Inexperience and experience with online stores: The importance of TAM and trust [J]. IEEE Transactions on Engineering Management, 2003, 50 (3): 307 – 321.

[61] Gefen D, Karahanna E, Straub D W. Trust and TAM in online shopping: An integrated model [J]. MIS Quarterly, 2003, 27 (1): 51 – 90.

[62] Gefen D, Pavlou P A. The boundaries of trust and risk: The quadratic moderating role of institutional structures [J]. Information Systems Research, 2012, 23 (3): 940 – 959.

[63] Gefen D, Straub D W. Consumer trust in B2C e – commerce and the importance of social presence: Experiments in e – products and e – services [J]. Omega, 2004, 32 (6): 407 – 424.

[64] Gregg D G, Walczak S. The relationship between website quality, trust and price premiums at online auctions [J]. Electronic Commerce Research, 2010, 10 (1): 1 – 25.

[65] Gregory R W, Keil M, Muntermann J, Mähring M. Paradoxes and the nature of ambidexterity in IT transformation programs [J]. Information Systems Research, 2015, 26 (1): 57 – 80.

[66] Griffith D A, Myers M B. The performance implications of strategic fit of relational norm governance strategies in global supply chain relationships [J]. Journal of International Business Studies, 2005, 36 (3): 254 – 269.

[67] Hair J F. Multivariate data analysis: With readings [M]. New York:

Prentice Hall, 1995: 350 - 352.

[68] Hair J F, Black W C, Babin B J, Anderson R E, Tatham R L. Multivariate data analysis [M]. Upper Saddle River: Pearson Prentice Hall Upper Saddle River, 2006: 216 - 217.

[69] Hamari J, Sjöklint M, Ukkonen A. The sharing economy: Why people participate in collaborative consumption [J]. Journal of the Association for Information Science & Technology, 2016, 67 (9): 2047 - 2059.

[70] Harris L C, Goode M M. The four levels of loyalty and the pivotal role of trust: A study of online service dynamics [J]. Journal of Retailing, 2004, 80 (2): 139 - 158.

[71] Hausman A V, Siekpe J S. The effect of web interface features on consumer online purchase intentions [J]. Journal of Business Research, 2009, 62 (1): 5 - 13.

[72] Haynes S N, Richard D, Kubany E S. Content validity in psychological assessment: A functional approach to concepts and methods [J]. Psychological Assessment, 1995, 7 (3): 238 - 247.

[73] Hess T J, Fuller M, Campbell D E. Designing interfaces with social presence: Using vividness and extraversion to create social recommendation agents [J]. Journal of the Association for Information Systems, 2009, 10 (12): 889 - 919.

[74] Hinkin T R, Tracey J B. An analysis of variance approach to content validation [J]. Organizational Research Methods, 1999, 2 (2): 175 - 186.

[75] Ho S M, Ahmed I, Salome R. Whodunit? Collective trust in virtual interactions [C]. Berlin: Springer Verlag, 2012: 348 - 356.

[76] Hochwarter W A, Ferris G R, Gavin M B, Perrewé P L, Hall A T, Frink D D. Political skill as neutralizer of felt accountability [J]. Organizational Behavior and Human Decision Processes, 2007, 102 (2): 226 - 239.

[77] Hoehle H, Venkatesh V. Mobile application usability: Conceptualiza-

tion and instrument development ［J］. MIS Quarterly, 2015, 39 (2): 412 – 435.

［78］ Hoehle H, Zhang X, Venkatesh V. An espoused cultural perspective to understand continued intention to use mobile applications: A four – country study of mobile social media application usability ［J］. European Journal of Information Systems, 2015, 24 (3): 337 – 359.

［79］ Holmstrom B, Milgrom P. Multitask principal – agent analyses: Incentive contracts, asset ownership, and job design ［J］. Journal of Law Economics & Organization, 2015, 7 (7): 24 – 52.

［80］ Hong W, Chan F K, Thong J Y, Chasalow L C, Dhillon G. A framework and guidelines for context – specific theorizing in information systems research ［J］. Information Systems Research, 2013, 25 (1): 111 – 136.

［81］ Hong W, Thong J Y, Tam K Y. The effects of information format and shopping task on consumers' online shopping behavior: A cognitive fit perspective ［J］. Journal of Management Information Systems, 2004, 21 (3): 149 – 184.

［82］ Howell R D, Breivik E, Wilcox J B. Is formative measurement really measurement? Reply to Bollen (2007) and Bagozzi (2007) ［J］. Psychological Methods, 2007, 12 (2): 238 – 245.

［83］ Hsu M, Chang C, Chu K, Lee Y. Determinants of repurchase intention in online group – buying: The perspectives of DeLone & McLean is success model and trust ［J］. Computers in Human Behavior, 2014, 36 (36): 234 – 245.

［84］ Hu L T, Bentler P M. Cutoff criteria for fit indexes in covariance structure analysis: Conventional criteria versus new alternatives ［J］. Structural Equation Modeling: A Multidisciplinary Journal, 1999, 6 (1): 1 – 55.

［85］ Huber T L, Fischer T A, Dibbern J, Hirschheim R. A process model of complementarity and substitution of contractual and relational governance in is outsourcing ［J］. Journal of Management Information Systems, 2013, 30 (3):

81 – 114.

[86] Jarvenpaa S L, Tractinsky N, Saarinen L. Consumer trust in an internet store: A cross – cultural validation [J]. Journal of Computer – Mediated Communication, 1999, 5 (2): 10 – 20.

[87] Jarvis C B, MacKenzie S B, Podsakoff P M. A critical review of construct indicators and measurement model misspecification in marketing and consumer research [J]. Journal of Consumer Research, 2003, 30 (2): 199 – 218.

[88] Jessup L M, Connolly T, Tansik D A. Toward atheory of automated group work the deindividuating effects of anonymity [J]. Small Group Research, 1990, 21 (3): 333 – 348.

[89] Jones K, Leonard L N. Trust in consumer – to – consumer electronic commerce [J]. Information & Management, 2008, 45 (2): 88 – 95.

[90] Joreskog K G, Goldberger A S. Estimation of a model with multiple indicators and multiple causes of a single latent variable [J]. Journal of the American Statistical Association, 1975 (70): 631 – 639.

[91] Karhade P, Shaw M J, Subramanyam R. Patterns in information systems portfolio prioritization: Evidence from decision tree induction [J]. MIS Quarterly, 2015, 39 (2): 413 – 433.

[92] Kelley H H. Personal relationships: Their structuresand processes [M]. London: Psychology Press, 2013.

[93] Kenneth A B. Interpretational confounding is due to misspecification, not to type of indicator: Comment on Howell, Breivik, and Wilcox [J]. Psychological Methods, 2007, 12 (2): 219 – 228.

[94] Kim D J, Ferrin D L, Rao H R. A trust – based consumer decision – making model in electronic commerce: The role of trust, perceived risk, and their antecedents [J]. Decision Support Systems, 2008, 44 (2): 544 – 564.

[95] Kim D J, Song Y I, Braynov S B, Rao H R. A multidimensional trust

formation model in B – to – C e – commerce: A conceptual framework and content analyses of academia/practitioner perspectives [J]. Decision Support Systems, 2005, 40 (2): 143 – 165.

[96] Kim D, Benbasat I. Trust – related arguments in internet stores: A framework for evaluation [J]. Journal of Electronic Commerce Research, 2003, 4 (2): 49 – 64.

[97] Kim G, Shin B, Grover V. Investigating two contradictory views of formative measurement in information systems research [J]. MIS Quarterly, 2010, 34 (2): 345 – 365.

[98] Kim J, Jin B, Swinney J L. The role of etail quality, e – satisfaction and e – trust in online loyalty development process [J]. Journal of Retailing and Consumer Services, 2009, 16 (4): 239 – 247.

[99] Kim K K, Prabhakar B. Initial trust and the adoption of B2C e – commerce: The case of internet banking [J]. ACM Sigmis Database, 2004, 35 (2): 50 – 64.

[100] Kirsch L S. Portfolios of control modes and is project management [J]. Information Systems Research, 1997, 8 (3): 215 – 239.

[101] Komiak S Y, Benbasat I. The effects of personalization and familiarity on trust and adoption of recommendation agents [J]. MIS Quarterly, 2006, 30 (4): 941 – 960.

[102] Koufaris M, Hampton – Sosa W. The development of initial trust in an online company by new customers [J]. Information & Management, 2004, 41 (3): 377 – 397.

[103] Kumar V, Venkatesan R. Who are the multichannel shoppers and how do they perform?: Correlates of multichannel shopping behavior [J]. Journal of Interactive Marketing, 2005, 19 (2): 44 – 62.

[104] Lacity M C, Khan S A, Willcocks L P. A review of the IT outsourcing literature: Insights for practice [J]. The Journal of Strategic Information

Systems, 2009, 18 (3): 130 – 146.

[105] Lai I K W, Tong V W L, Lai D C F. Trust factors influencing the adoption of internet – based interorganizational systems [J] . Electronic Commerce Research and Applications, 2011, 10 (1): 85 – 93.

[106] Lankton N K, McKnight D H. What does it mean to trust Facebook?: Examining technology and interpersonal trust beliefs [J] . ACM Sigmis Database, 2011, 42 (2): 32 – 54.

[107] Lankton N K, McKnight D H, Tripp J. Technology, humanness, and trust: Rethinking trust in technology [J] . Journal of the Association for Information Systems, 2015, 16 (10): 880 – 918.

[108] Lee A S, Baskerville R L. Generalizing generalizability in information systems research [J] . Information Systems Research, 2003, 14 (3): 221 – 243.

[109] Lee K C, Chung N. Understanding factors affecting trust in and satisfaction with mobile banking in Korea: A modified DeLone and McLean's model perspective [J] . Interacting with Computers, 2009, 21 (5): 385 – 392.

[110] Lee M K, Turban E. A trust model for consumer internet shopping [J] . International Journal of Electronic Commerce, 2001, 6 (1): 75 – 91.

[111] Lerner J S, Tetlock P E. Accounting for the effects of accountability [J] . Psychological Bulletin, 1999, 125 (2): 255 – 275.

[112] Lewicki R J, Bies R J. Trust and distrust: New relationships and realities [J] . Academy of Management Review, 1998, 23 (23): 438 – 458.

[113] Lewis J D, Weigert A J. Social atomism, holism, and trus [J] . The Sociological Quarterly, 1985, 26 (4): 455 – 471.

[114] Li D, Browne G J, Wetherbe J C. Why do internet users stick with a specific web site? A relationship perspective [J] . International Journal of

Electronic Commerce, 2006, 10 (4): 105 – 141.

［115］Li X, Hess T J, Mcnab A L, Yu Y. Culture and acceptance of global web sites: A cross – country study of the effects of national cultural values on acceptance of a personal web portal ［J］. ACM Sigmis Database, 2009, 40 (4): 49 – 74.

［116］Lippert S K, Swiercz P M. Human resource information systems (HRIS) and technology trust ［J］. Journal of Information Science, 2005, 31 (5): 340 – 353.

［117］Liu B Q, Goodhue D L. Two worlds of trust for potential e – commerce users: Humans as cognitive misers ［J］. Information Systems Research, 2012, 23 (4): 1246 – 1262.

［118］Lowry P B, Moody G D, Galletta D F, Vance A. The drivers in the use of online whistle – blowing reporting systems ［J］. Journal of Management Information Systems, 2013, 30 (1): 153 – 190.

［119］Maccallum R C, Widaman K F, Zhang S, Hong S. Sample size in factor analysis ［J］. Psychological Methods, 1999, 4 (1): 84 – 99.

［120］MacKenzie S B, Podsakoff P M. Common method bias in marketing: Causes, mechanisms, and procedural remedies ［J］. Journal of Retailing, 2012, 88 (4): 542 – 555.

［121］MacKenzie S B, Podsakoff P M, Jarvis C B. The problem of measurement model misspecification in behavioral and organizational research and some recommended solutions ［J］. Journal of Applied Psychology, 2005, 90 (4): 710 – 730.

［122］MacKenzie S B, Podsakoff P M, Podsakoff N P. Construct measurement and validation procedures in MIS and behavioral research: Integrating new and existing techniques ［J］. MIS Quarterly, 2011, 35 (2): 293 – 334.

［123］Macneil I R. Power, contract, and the economic model ［J］. Journal of Economic Issues, 1980, 14 (4): 909 – 923.

［124］ Martinsons M G. Relationshipbased e – commerce: Theory and evidence from China ［J］. Information Systems Journal, 2008, 18 (4): 331 – 356.

［125］ Maskin E, Tirole J. Unforseen contingencies, property rights, and incomplete contracts ［J］. Review of Economic Studies, 1997, 66 (1): 83 – 114.

［126］ Mayer R C, Davis J H, Schoorman F D. An integrative model of organizational trust ［J］. Academy of Management Review, 1995, 20 (3): 709 – 734.

［127］ Mcallister D J. Affect – and – cognition – based trust as foundations for interpersonal cooperation in organizations ［J］. Academy of Management Journal, 1995, 38 (1): 24 – 59.

［128］ McKnight D H, Carter M, Thatcher J B, Clay P F. Trust in a specific technology: An investigation of its components and measures ［J］. ACM Transactions on Management Information Systems, 2011, 2 (2): 1 – 25.

［129］ McKnight D H, Choudhury V, Kacmar C. The impact of initial consumer trust on intentions to transact with a web site: A trust building model ［J］. The Journal of Strategic Information Systems, 2002, 11 (3): 297 – 323.

［130］ McKnight D H, Choudhury V, Kacmar C. Developing and validating trust measures for e – commerce: An integrative typology ［J］. Information Systems Research, 2002, 13 (3): 334 – 359.

［131］ McKnight D H, Cummings L L, Chervany N L. Initial trust formation in new organizational relationships ［J］. Academy of Management Review, 1998, 23 (3): 473 – 490.

［132］ McKnight D H, Liu P, Pentland B. A cognitive process model of trust change ［C］. Association for Information Systems, 2014.

［133］ Miles M B, Huberman A M, Saldaña J. Qualitative data analysis: A methods sourcebook ［M］. Los Angeles: Sage Publications, 2013.

［134］ Moody G D, Galletta D F, Lowry P B. When trust and distrust collide online: The engenderment and role of consumer ambivalence in online consumer behavior ［J］. Electronic Commerce Research and Applications, 2014, 13 (4): 266 – 282.

［135］ Nadler S. The sharing economy: What is it and where is it going? ［C］. Massachusetts Institute of Technology, 2014.

［136］ Naquin C E, Paulson G D. Online bargaining and interpersonal trust ［J］. Journal of Applied Psychology, 2003, 88 (1): 113 – 120.

［137］ Nicolaou A I, McKnight D H. Perceived information quality in data exchanges: Effects on risk, trust, and intention to use ［J］. Information Systems Research, 2006, 17 (4): 332 – 351.

［138］ Oezpolat K, Gao G, Jank W, Viswanathan S. The value of third – party assurance seals in online retailing: An empirical investigation ［J］. Information Systems Research, 2013, 24 (4): 1100 – 1111.

［139］ Ou C X, Pavlou P A, Davison R. Swift guanxi in online marketplaces: The role of computer – mediated communication technologies ［J］. MIS Quarterly, 2014, 38 (1): 209 – 230.

［140］ Park I, Sharman R, Rao H R. Disaster experience and hospital information systems: An examination of perceived information assurance, risk, resilience, and his usefulness ［J］. MIS Quarterly, 2015, 39 (2): 317 – 319.

［141］ Pavlou P A, Dimoka A. The nature and role of feedback text comments in online marketplaces: Implications for trust building, price premiums, and seller differentiation ［J］. Information Systems Research, 2006, 17 (4): 392 – 414.

［142］ Pavlou P A, Gefen D. Building effective online marketplaces with institution – based trust ［J］. Information Systems Research, 2004, 15 (1): 37 – 59.

[143] Pavlou P A, Ratnasingam P. Technology trust in B2B electronic commerce: Conceptual foundations [M]. Hershey: IGI Global, 2003: 200 – 215.

[144] Pennington R, Wilcox H D, Grover V. The role of system trust in business – to – consumer transactions [J]. Journal of Management Information Systems, 2003, 20 (3): 197 – 226.

[145] Petter S, Straub D, Rai A. Specifying formative constructs in information systems research [J]. MIS Quarterly, 2007, 31 (4): 623 – 656.

[146] Wu P J, Straub D W, Liang T P. How information technology governance mechanisms and strategic alignment influence organizational performance: Insights from a matched survey of business and it managers [J]. MIS Quarterly, 2015, 39 (2): 497 – 518.

[147] Paul J S, Mark J K, Jeffry B. Examining the continuance of secure behavior: A longitudinal field study of mobile device authentication [J]. Information Systems Research, 2016, 27 (2): 219 – 239.

[148] Podsakoff P M, MacKenzie S B, Lee J, Podsakoff N P. Common method biases in behavioral research: A critical review of the literature and recommended remedies [J]. Journal of Applied Psychology, 2003, 88 (5): 879 – 903.

[149] Rai A, Pavlou P A, Im G, Du S. Interfirm IT capability profiles and communications for cocreating relational value: Evidence from the logistics industry [J]. MIS Quarterly, 2012, 36 (1): 233 – 262.

[150] Rai A, Tang X. Research Commentary – information technology – enabled business models: Aconceptual framework and a coevolution perspective for future research [J]. Information Systems Research, 2013, 25 (1): 1 – 14.

[151] Ratnasingam P, Pavlou P A. Technology trust in internet – based interorganizational electronic commerce [J]. Journal of Electronic Commerce in Organization, 2003, 1 (1): 17 – 41.

[152] Reinig B A, Mejias R J. The effects of national culture and anonymity on flaming and criticalness in GSS – supported discussions [J]. Small Group Research, 2004, 35 (6): 698 – 723.

[153] Salam A F, Iyer L, Palvia P, Singh R. Trust in e – commerce [J]. Communications of the ACM, 2005, 48 (2): 72 – 77.

[154] Salam A F, Rao H R, Pegels C C. Consumer – perceived risk in e – commerce transactions [J]. Communications of the ACM, 2003, 46 (12): 325 – 331.

[155] Sedikides C, Herbst K C, Hardin D P, Dardis G J. Accountability as a deterrent to self – enhancement: The search for mechanisms [J]. Journal of Personality and Social Psychology, 2002, 83 (3): 592 – 605.

[156] Seltsikas P, O'Keefe R M. Expectations and outcomes in electronic identity management: The role of trust and public value [J]. European Journal of Information Systems, 2010, 19 (1): 93 – 103.

[157] Shankar V, Sultan F, Urban G L. Online trust and e – business strategy: Concepts, implications, and future directions [J]. Journal of Strategic Information Systems, 2002, 11 (3): 325 – 344.

[158] Shankar V, Urban G L, Sultan F. Online trust: A stakeholder perspective, concepts, implications, and future directions [J]. The Journal of Strategic Information Systems, 2002, 11 (3): 325 – 344.

[159] Sillence E, Briggs P, Harris P, Fishwick L. A framework for understanding trust factors in web – based health advice [J]. International Journal of Human – Computer Studies, 2006, 64 (8): 697 – 713.

[160] Siponen M, Vance A. Neutralization: New insights into the problem of employee systems security policy violations [J]. MIS Quarterly, 2010, 34 (3): 487 – 502.

[161] Sitkin S B, Pablo A L. Reconceptualizing the determinants of risk behavior [J]. Academy of Management Review, 1992, 17 (1): 9 – 38.

[162] Song J, Zahedi F M. A theoretical approach to web design in e – commerce: A belief reinforcement model [J] . Management Science, 2005, 51 (8): 1219 – 1235.

[163] Spector P E. Summated rating scale construction: An introduction [M] . Los Angeles: Sage Publications, 1992.

[164] Steinauer D D, Wakid S A, Rasberry S. Trust and traceability in electronic commerce [J] . Standard View, 1997, 5 (3): 118 – 124.

[165] Steinbart P J, Keith M J, Babb J. Examining the continuance of secure behavior: Alongitudinal field study of mobile device authentication [J] . Information Systems Research, 2016, 27 (2): 219 – 239.

[166] Stogdill R M. Validity of leader behavior descriptions [J] . Personnel Psychology, 2006, 22 (2): 153 – 158.

[167] Suh B, Han I. The impact of customer trust and perception of security control on the acceptance of electronic commerce [J] . International Journal of Electronic Commerce, 2003, 7 (3): 135 – 161.

[168] Sutanto J, Palme E, Tan C, Phang C W. Addressing the personalization – privacy paradox: An empirical assessment from a field experiment on smartphone users [J] . MIS Quarterly, 2013, 37 (4): 1141 – 1164.

[169] Swan J E, Bowers M R, Richardson L D. Customer trust in the salesperson: An integrative review and meta – analysis of the empirical literature [J] . Journal of Business Research, 1999, 44 (2): 93 – 107.

[170] Tabachnick B G, Fidell L S. Using multivariate statistics [M]. Boston: Allyn and Bacon, 2001.

[171] Tan C, Benbasat I, Cenfetelli R T. IT – mediated customer service content and delivery in electronic governments: An empirical investigation of the antecedents of service quality [J] . MIS Quarterly, 2013, 37 (1): 77 – 109.

[172] Tan F B, Tung L, Xu Y. A study of web – designers' criteria for ef-

fective business – to – consumer （B2C）websites using the repertory grid technique ［J］. Journal of Electronic Commerce Research，2009，10 （3）：155 – 177.

［173］ Tan Y，Thoen W. Formal aspects of a generic model of trust for electronic commerce ［J］. Decision Support Systems，2002，33 （3）：233 – 246.

［174］ Thatcher J B，Carter M，Li X，Rong G. A classification and investigation of trustees in B2C e – commerce：General vs specific trust ［J］. Communications of the Association for Information Systems，2013，32 （1）：107 – 109.

［175］ Thatcher J B，McKnight D H，Baker E W，Arsal R E，Roberts N H. The role of trust in postadoption it exploration：An empirical examination of knowledge management systems ［J］. IEEE Transactions on Engineering Management，2011，58 （1）：56 – 70.

［176］ Thatcher J B，Rong G，Li X. Does technology trust substitute interpersonal trust? Examining technology trust's influence on individual decision making ［J］. Journal of Organizational & End User Computing，2012，24 （2）：18 – 38.

［177］ Thierer A D，Koopman C，Hobson A，et al. How the internet, the sharing economy，and reputational feedback mechanisms solve the "lemons problem" ［J］. University of Miami Law Review，2016，70 （3）：830 – 878.

［178］ Urbina S. Essentials of psychological testing ［M］. New York：John Wiley & Sons，2014.

［179］ Vaast E，Walsham G. Grounded theorizing for electronically mediated social contexts ［J］. European Journal of Information Systems，2013，22 （22）：9 – 25.

［180］ Van der Heijden H，Verhagen T，Creemers M. Understanding online purchase intentions：Contributions from technology and trust perspectives

[J] . European Journal of Information Systems, 2003, 12 (1): 41 –48.

[181] Vance A, Benjamin Lowry P, Eggett D. Increasing accountability through user – interface design artifacts: A new approach to addressing the problem of access – policy violations [J] . MIS Quarterly, 2015, 39 (2): 345 – 348.

[182] Vance A, Elie – Dit – Cosaque C, Straub D W. Examining trust in information technology artifacts: The effects of system quality and culture [J] . Journal of Management Information Systems, 2008, 24 (4): 73 –100.

[183] Vance A, Lowry P B, Eggett D. Using accountability to reduce access policy violations in information systems [J] . Journal of Management Information Systems, 2013, 29 (4): 263 –290.

[184] Venkatesh V, Agarwal R. Turning visitors into customers: A usability – centric perspective on purchase behavior in electronic channels [J] . Management Science, 2006, 52 (3): 367 –382.

[185] Venkatesh V, Brown S A, Bala H. Bridging the qualitative – quantitative divide: Guidelines for conducting mixed methods research in information systems [J] . MIS Quarterly, 2013, 37 (1): 21 –54.

[186] Venkatesh V, Morris M G, Davis G B, Davis F D. User acceptance of information technology: Toward a unified view [J] . MIS Quarterly, 2003, 27 (3): 425 –478.

[187] Venkatesh V, Ramesh V. Web and wireless site usability: Understanding differences and modeling use [J] . MIS Quarterly, 2006, 30 (1): 181 –206.

[188] Vijayasarathy L R. Predicting consumer intentions to use on – line shopping: The case for an augmented technology acceptance model [J] . Information & Management, 2004, 41 (6): 747 –762.

[189] Wakefield R L, Stocks M H, Wilder W M. The role of web site characteristics in initial trust formation [J] . The Journal of Computer Informa-

tion Systems, 2004, 45 (1): 94 – 103.

[190] Wang W, Benbasat I. Attributions of trust in decision support technologies: A study of recommendation agents for e – commerce [J] . Journal of Management Information Systems, 2008, 24 (4): 249 – 273.

[191] Wang Y D, Emurian H H. An overview of online trust: Concepts, elements, and implications [J] . Computers in Human Behavior, 2005, 21 (1): 105 – 125.

[192] Wells J D, Valacich J S, Hess T J. What signals are you sending? how website quality influences perceptions of product quality and purchase intentions [J] . MIS Quarterly, 2011, 35 (2): 373 – 396.

[193] Wen C, Prybutok V R, Xu C. An integrated model for customer online repurchase intention [J] . Journal of Computer Information Systems, 2011, 52 (1): 14 – 23.

[194] Wilcox J B, Howell R D, Breivik E. Questions about formative measurement [J] . Journal of Business Research, 2008, 61 (12): 1219 – 1228.

[195] Williams K, Harkins S G, Latané B. Identifiability as a deterrant to social loafing: Two cheering experiments [J] . Journal of Personality and Social Psychology, 1981, 40 (2): 303 – 311.

[196] Wilson E V, Lankton N K. Effects of prior use, intention, and habit on IT continuance across sporadic use and frequent use conditions [J] . Concha Diego Liaño, 2013, 329 (3): 725 – 734.

[197] Xiao J, Xie K, Hu Q. Inter – firm IT governance in power – imbalanced buyer – supplier dyads: Exploring how it works and why it lasts [J] . European Journal of Information Systems, 2013, 22 (5): 512 – 528.

[198] Xu J D, Benbasat I, Cenfetelli R T. Integrating service quality with system and information quality: An empirical test in the e – service context [J] . MIS Quarterly, 2013, 37 (3): 777 – 794.

［199］Xu J, Benbasat I, Cenfetelli R T. The nature and consequences of trade – off transparency in the context of recommendation agents ［J］. MIS Quarterly, 2014, 38（2）: 379 – 406.

［200］Yin R K. Case study research: Design and methods ［M］. Los Angeles: Sage Publications, 2014.

［201］Zucker L G. Production of trust: Institutional sources of economic structure, 1840 – 1920 ［J］. Research in Organizational Behavior, 1986, 8（2）: 53 – 111.

［202］Zviran M, Glezer C, Avni I. User satisfaction from commercial web sites: The effect of design and use ［J］. Information & Management, 2006, 43（2）: 157 – 178.

［203］陈晓萍, 徐淑英, 樊景立. 组织与管理研究的实证方法［M］. 北京: 北京大学出版社, 2012.

［204］程兆麟, 肖静华, 谢康. 基于供应链信息系统的质量改进策略研究 ［J］. 信息系统学报, 2012（2）: 23 – 31.

［205］邓朝华, 张金隆, 鲁耀斌. 移动服务满意度与忠诚度实证研究 ［J］. 科研管理, 2010, 31（2）: 185 – 192.

［206］管益杰, 陶慧杰, 王洲兰, 宋艳. 网络购物中的信任 ［J］. 心理科学进展, 2011, 19（8）: 1205 – 1213.

［207］蒋大兴, 王首杰. 共享经济的法律规制 ［J］. 中国社会科学, 2017（9）: 141 – 162.

［208］李桂华, 卢宏亮. 供应商品牌溢出价值、品牌关系质量与采购商重复购买意向: 基于采购商视角 ［J］. 南开管理评论, 2010, 13（4）: 71 – 82.

［209］林家宝, 鲁耀斌, 章淑婷. 网上至移动环境下的信任转移模型及其实证研究 ［J］. 南开管理评论, 2010, 13（3）: 80 – 89.

［210］刘世雄, 刘雁妮, 周志民. 广告语言形象的概念化、测量与有效性 ［J］. 营销科学学报, 2014（1）: 112 – 125.

［211］刘奕，夏杰长．共享经济理论与政策研究动态［J］．经济学动态，2016（4）：116 - 125.

［212］吕通，史乐峰，邹小燕．计及网络效应的共享经济商业网络布局分析与两步差分聚类——萤火虫算法［J］．中国管理科学，2019，27（6）：146 - 157.

［213］鲁耀斌，董圆圆．电商信任问题理论框架研究［J］．管理学报，2005，2（5）：522 - 535.

［214］闵庆飞，季绍波，孟德才．移动商务采纳的信任因素研究［J］．管理世界，2008（12）：184 - 185.

［215］冉佳森，谢康，肖静华．信息技术如何实现契约治理与关系治理的平衡——基于 D 公司供应链治理案例［J］．管理学报，2015，12（3）：458 - 468.

［216］盛天翔，刘春林．网上交易服务质量四维度对顾客满意及忠诚度影响的实证分析［J］．南开管理评论，2008，11（6）：37 - 41.

［217］汪鸿昌，肖静华，谢康，乌家培．食品安全治理——基于信息技术与制度安排相结合的研究［J］．中国工业经济，2013（3）：98 - 110.

［218］王凤艳，艾时钟，厉敏．非交易类虚拟社区用户忠诚度影响因素实证研究［J］．管理学报，2011，8（9）：1339 - 1344.

［219］王晓丽，李西营，邵景进．形成性测量模型：结构方程模型的新视角［J］．心理科学进展，2011，19（2）：293 - 300.

［220］韦慧民，龙立荣．主管认知信任和情感信任对员工行为及绩效的影响［J］．心理学报，2009，41（1）：86 - 94.

［221］吴光菊．基于共享经济与社交网络的 Airbnb 与 Uber 模式研究综述［J］．产业经济评论，2016（2）：103 - 112.

［222］肖静华．供应链信息系统网络的价值创造：技术契约视角［J］．管理评论，2009，21（10）：33 - 40.

［223］肖静华，谢康．组合与单一治理对供应链信息系统价值创造的

影响［J］. 管理科学，2010，23（4）：86-94.

［224］谢康，肖静华. 电商信任：技术与制度混合治理视角的分析
［J］. 经济经纬，2014，3（3）：60-66.

［225］谢康，杨文君，肖静华. 在线品牌社区中技术信任促进电商初
始信任的转移机制［J］. 预测，2016，35（2）：69-74.

［226］谢康，谢永勤，肖静华. 共享经济情境下的技术信任——数字
原生代与数字移民的差异分析［J］. 财经问题研究，2018（4）：99-
107.

［227］杨居正，张维迎，周黎安. 信誉与管制的互补与替代——基于
网上交易数据的实证研究［J］. 管理世界，2008（7）：18-26.

［228］杨帅. 共享经济类型、要素与影响：文献研究的视角［J］.
产业经济评论，2016（2）：35-45.

［229］杨学成，涂科. 出行共享中的用户价值共创机理——基于优步
的案例研究［J］. 管理世界，2017（8）：154-169.

［230］殷国鹏，崔金红. 社会性网络服务用户使用激励因素研究——
基于 U&G 理论的社会化视角［J］. 中国图书馆学报，2013，39（1）：
51-62.

［231］余航，田林，蒋国银，陈云. 共享经济：理论建构与研究进展
［J］. 南开管理评论，2018，21（6）：37-52.

［232］张耕，刘震宇. 在线消费者感知不确定性及其影响因素的作用
［J］. 南开管理评论，2010，13（5）：99-106.

［233］张耀辉，齐云龙，刘东. 共享经济的浪潮与成因［J］. 东北
财经大学学报，2018（2）：29-35.

［234］张永林. 网络、信息池与时间复制——网络复制经济模型
［J］. 经济研究，2014，49（2）：171-182.

［235］赵竞，孙晓军，周宗奎，魏华，牛更枫. 网络交往中的人际信
任［J］. 心理科学研究，2013，21（8）：1493-1501.

［236］赵学锋，陈传红，申义贤. 网站制度对消费者信任影响的实证

研究 ［J］. 管理学报，2012，9（5）：715 – 722.

　　［237］周黎安，张维迎，顾全林，沈懿. 信誉的价值：以网上拍卖交易为例 ［J］. 经济研究，2006，41（12）：81 – 91.

　　［238］邹宇春，敖丹，李建栋. 中国城市居民的信任格局及社会资本影响 ［J］. 中国社会科学，2012（5）：131 – 148.

附　录

附录1　编码矩阵

说明：为了识别共享平台技术信任的维度构成和初始测项，通过访谈和二手资料分析，运用扎根理论方法对数据资料进行汇总和编码。具体编码工作包括：首先，将开放性编码进行归类，对内容相似的编码进行总结，形成子类别；其次，使用主轴编码，将子类别归纳为相关概念单位。

主轴编码	子类别	访谈和爱彼迎规则的开放性编码
对视觉吸引力的信念	感知视觉效果好	色彩搭配令我感到愉悦 我认为网站的字体和图像的搭配是均衡的 第一次看到网站主页时，我认为该网站设计开发是专业的 我认为该网站的外观设计是恰当的 我认为该网站是吸引人的
对架构布局的信念	对导航结构的信念	我认为导航是简单易用的 我认为导航系统的布置是连贯的、持久的，并且容易查找
	对有效链接的信念	网站有使用指南和介绍，可以帮助我进行交易或搜索 我认为该网站的整体布局是合理的，使用起来很便利

续表

主轴编码	子类别	访谈和爱彼迎规则的开放性编码
对数据保存的信念	对数据保存的信念	当退出网站时，该网站会及时保存我的数据
		当关闭网站时，不会要求我手动保存数据
		该网站会保存我的常用账户、号码信息等
对交流技术使用的信念	对及时交流的信念	交流技术为我与服务提供商沟通交流提供平台
		当对产品或售后等内容有疑问，我可以通过交流技术与服务提供商进行交流
		通过交流技术可以为我与其他消费者进行沟通交流提供便利
对内容相关的信念	对内容相关的信念	该网站会推荐对我来说比较合适的产品和服务
		该网站展示的信息是我所需要的
		该网站上有我想要购买的产品和服务
		该网站上的品类繁多，能够满足我的需求
对搜索功能的信念	对快速搜索的信念	通过该网站可以搜索到我想要的产品和服务
		该网站的搜索功能对我是有用的
		在该网站很容易找到我想要找的产品和服务
对第三方安全认证的信念	对安全认证的信念	我认为该网站上有安全信任标识
		我认为该网站通过了第三方验证，是个值得信任的网站
		我认为该网站是稳定安全的
		我认为认证图标标志着该网站是安全可靠的
		我认为该网站的第三方认证是可信的
对机密性的信念	对数据安全的信念	我认为该网站为用户的网络数据进行加密以确保信息安全
		我认为我的付款信息在网络传输过程中是被加密的
		我认为我的数据传输是安全的，不会被攻击者窃取
		我认为该网站运用合适的机密技术提高数据的安全性
对交易支付的信念	对支付安全的信念	我认为该网站支付为交易提供担保以确保资金安全
		我认为该网站支付会在我确认商品后，将货款打给卖家
	对支付归属的信念	我可以在该网站上选择自己熟悉的方式进行支付
		我认为该网站可以给我好的支付体验

续表

主轴编码	子类别	访谈和爱彼迎规则的开放性编码
对身份认证的信念	对实名认证的信念	我认为在该网站上进行交易的房东和房客都需要通过实名认证
		我认为爱彼迎对平台上交易的所有用户进行背景核查
		我认为对房东而言，开店认证如果填写虚假信息会导致认证无法通过
		我认为当该网站用户认证时，系统会要求其填写真实有效的信息
		我认为身份认证能有效将用户与其行为结果联系在一起
对监控的信念	对技术监控的信念	我认为该网站使用了大量监控工具
		我认为该网站会对服务提供商进行监控并帮助解决冲突
		我认为该网站通过监控系统，会尽可能确保产品或服务符合相关要求
		我认为该网站对系统排查到的涉嫌服务提供商进行店铺监管
对权限控制的信念	对违规处理的信念	我认为该网站会依据违规情节对产品描述不符的服务提供商进行处罚，如限制发布产品或短暂注销等
		我认为该网站会根据违规情节对从事虚假交易的服务提供商进行处罚，如店铺警示、注销、屏蔽甚至关闭等
		我认为当服务提供商违背交易承诺时，该网站会依据违规情节对卖家进行处罚
		我认为该网站会对骚扰消费者的服务提供商通过平台技术进行处罚
		我认为该网站会依据违规内容对通过技术对违规的卖家进行权限限制
		我认为该网站会通过平台技术对服务提供商的违规行为进行处罚
对声誉反馈机制的信念	对评价体系的信念	我认为该网站的评价系统是公正的
		我认为该网站的评价系统是客观的
		我认为该网站的评价系统是真实的
		我认为通过评分和反馈机制，可以获取服务提供商的交易历史
		我认为该网站评价系统对服务提供商形成有效激励
		我认为该网站评价系统对服务提供商形成有效约束
		我认为该网站的评分及反馈机制是有效的
		我认为该网站会通过技术对违规交易评价或恶意评价等破坏信用评价体系予以打击

资料来源：参照 Miles 等（2013）的编码方法进行矩阵分析。

附录2　访谈与文献间的对应

说明：将从访谈和二手资料中获取的编码与现有文献相对应，以辅助电商技术信任的测项开发（MacKenzie et al.，2011）。这不仅能使量表有效贴近具体研究情境，而且可以保证内容效度。下表中，最左侧一栏是基于前期编码识别的相关概念单位；第二栏是从访谈和二手资料中获取的开放性编码；第三栏和第四栏是与概念相关的研究文献。

概念	开放性编码举例	文献举例	相关文献
对视觉吸引力的信念	我认为网站的字体或图像间的比重是均衡的 我认为网站的外观设计是恰当的	Vance等（2008）研究了移动商务系统质量的可视性吸引对IT实体信任信念的影响，结果表明，可视性吸引显著影响对技术的信任信念 Cyr（2008）指出，网站的导航设计、视觉设计和信息设计有助于网站信任的形成 Deng（2010）研究了网页视觉复杂性和顺序设计特点对网络用户初始情感反应的影响 Everard和Galletta（2005）研究了网站特征（可视化设计）对用户感知网站质量的影响，发现网站展示缺陷，包括较差的格式、不完整、错误显著影响用户感知的网站质量，进而影响对网站的信任	Cyr（2008） Vance等（2008） Shankar等（2002） Chang等（2005） Sillence（2006） Kim和Benbasat（2003） Wakefield等（2004） Chakraborty等（2002） Everard和Galletta（2005） Jones和Leonard（2008） Lee和Chung（2009） Wells等（2011） Blanco等（2010） Deng等（2010）

概念	开放性编码举例	文献举例	相关文献
对架构布局的信念	我认为该网站的导航简单易用 我认为该网站的导航布置是连贯持久的，且容易查找	Chakraborty 等（2002）考察网站结构对网站有效性的影响，发现网站结构对网站有效性有显著影响 Vance 等（2008）研究了移动商务系统质量感知导航结构对 IT 实体信任信念的影响，结果表明，导航结构显著影响技术信任信念	Xu 等（2013） Gefen 等（2003） Vijayasarathy（2004） Shankar 等（2002） Sillence 等（2006） Chakraborty 等（2002） Vance 等（2008） Wells 等（2011）
对数据保存的信念	当我关闭网站时，它会及时保存我的数据 当我终止应用时，它会保存当前数据	Adipat 等（2011）指出应用保存用户输入的数据对用户来说非常重要	Adipat 等（2011） Lai 等（2011）
对交流技术使用的信念	我可以通过在线聊天工具与商家进行沟通以解答我对产品和购物服务的疑问 通过交流技术可以为我与其他消费者进行购物交流提供便利	Ou 等（2014）研究了交流技术的有效使用对消费者信任和快关系形成的影响，结果表明，交流技术的使用能有效促进个体信任的形成 Chakraborty 等（2002）研究了网站的交互特征对网站有效性的影响，发现与交易有关的交互对网站有效性有显著影响 Steinbart 等（2016）交互界面的设计影响用户的信息安全行为	Ou 等（2014） Gefen 和 Straub（2004） Sillence 等（2006） Chakraborty 等（2002） Lai 等（2011） Steinbart 等（2016）
对内容相关的信念	该网站推荐的内容是我需要的 该网站展示的信息是我需要的	Chang 等（2005）以文献分析为基础提出了一个消费者网上购物行为的影响因素分类框架模型，发现网站信息内容是影响消费者网上购物的重要影响因素 Wang 和 Emurian（2005）研究了内容设计对信任的影响，内容设计的有效性影响消费者对网站的信任	Wang 和 Emurian（2005） Koufaris 和 Hamptonsosa（2004） Chang 等（2005） Sillence 等（2006）

概念	开放性编码举例	文献举例	相关文献
对搜索功能的信念	通过该网站可以快速搜索到我想要的东西 通过该网站搜索功能我可以准确地搜到我要找的东西	Zviran 等（2006）研究了网站拥有快速、准确的搜索机制能有效提高消费者对网站的使用	Dou 等（2010） Tan 等（2009） Zviran 等（2006）
对第三方安全认证的信念	我认为该网站有安全信任标识 我认为该网站已经通过了审核，是个值得信任的网站	Lee 和 Turban（2001）将第三方安全认证的有效性作为一种情境因素研究了其对消费者网上购物信任的影响，结果表明，第三方安全认证的有效性对消费网上购物的信任受个人信任倾向的调节	Oezpolat 等（2013） Lee 和 Turban（2001） Shankar 等（2002） Kim 等（2005） Wakefield 等（2004） Cheung 和 Lee（2006） Wells 等（2011）
对机密性的信念	我认为该网站会为购物用户的网络数据加密，包括密码和个人信息 我认为我的付款信息在网络传输过程中是被加密的	Ratnasingam 和 Pavlou（2003）研究了 B2B 电商情境下的技术信任，指出机密性作为一种交易安全保护机制是技术信任的重要维度 McKnight 等（2002）将加密技术作为一种结构保证研究了其对信任的影响	Sutanto 等（2013） Ratnasingam 和 Pavlou（2003） Kim 等（2005） McKnight 等（2002） Pennington 等（2003） Suh 和 Han（2003） Kim 等（2009）
对交易支付的信念	我认为该网站交易支付可以担保交易确保资金安全 我认为在我产品或服务确认后，支付款才会将货款打给卖家	Pavlou 和 Gefen（2004）研究了 IT 使能的第三方支付作为一种制度结构对构建有效电子市场的影响 Bart 等（2005）研究了网站的安全担保和隐私保护担保对网站信任的影响，结果表明，两者对网站的信任均有显著影响	Pavlou 和 Gefen（2004） Bart 等（2005）

续表

概念	开放性编码举例	文献举例	相关文献
对身份认证的信念	我认为该网站的服务提供商需要通过身份验证才能创建店铺 我认为身份认证可以将用户行为与用户之间建立对应关系	Suh 和 Han（2003）研究了安全控制，如身份认证对消费者信任的影响 Steinbart 等（2016）发现，身份认证的登录成功率越高，用户越可能采纳复杂的验证	Suh 和 Han（2003） Lai 等（2011） Steinbart 等（2016）
对监控的信念	我认为该网站会使用监控技术监控用户行为 我认为该网站大量使用监控工具，可监控服务器状态	Pavlou（2002）研究了 IT 使能的感知监控作为一种制度信任对 B2B 电商市场健康运作的作用，发现感知监控对信任有显著影响	Pavlou（2002）
对权限控制的信念	我认为该网站对产品描述不符的服务提供商会通过系统对其进行处罚，如限制发布商品、店铺屏蔽或关闭店铺等 我认为该网站会对骚扰消费者的服务提供商通过平台技术进行处罚	—	—

续表

概念	开放性编码举例	文献举例	相关文献
对声誉反馈机制的信念	我认为通过网站评分和反馈机制，可以获取服务提供商的交易历史 我认为该网站的评价系统是公正的	Gefen 和 Pavlou（2012）将反馈机制作为一种制度结构研究了信任和风险的边界条件 Vance（2015）研究了评价作为一种问责机制对个体行为的影响 Ba 和 Pavlou（2002）探讨了 Ebay 反馈机制对消费者信任的影响，发现反馈机制显著影响消费者对网站的信任	Pavlou 和 Gefen（2004） Gefen 和 Pavlou（2012） Ou 等（2014） Vance（2013；2015） Ba 和 Pavlou（2002） Pavlou（2002） Pennington 等（2004） Pavlou 和 Dimoka（2006） 杨居正等（2008） 周黎安等（2006）

附录3　基于内容效度检验的初始测项

说明：在对访谈记录、Airbnb 规则等二手资料进行编码分析，及以往研究文献的基础上获取原始项目，并对原始项目进行表面效度和内容效度评估，最终形成 55 个共享平台技术信任初始测项。

关键概念		测量项目
对视觉吸引力的信念	1	我认为该网站视觉效果好，是有吸引力的
	2	我认为该网站色彩搭配是协调的
	3	我认为网站文本/图形的比重是均衡的
	4	我认为该网站的视觉效果有效地表达了它的理念和目的（消费者明白登录该网站可以购买其所需产品或服务）

关键概念		测量项目
对架构布局的信念	1	我认为网站的组织和布局易于理解，有利于搜索
	2	我认为网站链接是按照重要性有序排列的
	3	我认为网站导航系统的布置是清晰且连贯的
	4	我认为该网站的整体布局是合理的
对数据保存的信念	1	当我退出网站时，它会及时保存我的使用数据
	2	当我关闭网站时，不会要求我手动保存数据
	3	我认为网站会自动保存数据，如常用账户、号码等信息
	4	我认为网站会根据行为分析推荐我可能喜欢的产品或服务
对交流技术使用的信念	1	我认为该网站会有同步通信媒体（如即时信息、聊天工具等）
	2	我认为该网站会提供交流工具供我与服务提供商交谈
	3	我认为该网站会提供交流工具供我与其他消费者交谈
	4	我认为该网站会为信息交互提供支持
对内容相关的信念	1	该网站会推荐我需要的内容
	2	该网站推荐对我而言比较重要的内容
	3	该网站推荐我关心的内容
	4	该网站会提升与我相关的内容
对搜索功能的信念	1	该网站搜索功能可以满足我的需要
	2	该网站可以搜索我想要的商品和信息
	3	我认为该网站的搜索功能是稳定的
	4	该网站的搜索功能提供的结果对我有用
对第三方安全认证的信念	1	我认为图标标志着该网站是安全的
	2	我认为图标标志着该网站是可信的
	3	我认为该网站的第三方认证是可靠的
	4	我认为图标标志着该网站是可靠的
对机密性的信念	1	我认为该网站会通过适当的技术来保证交易的机密性
	2	我认为该网站会使用一些安全控制来保证交易的机密性
	3	该网站会检查我的交易或交互是否被窃听
	4	我认为该网站通过适当的安全保证，如加密技术确保交易安全

续表

关键概念		测量项目
对交易支付的信念	1	我认为该网站支付会为交易提供担保以确保资金安全
	2	我认为该网站支付会在我确认商品或服务后，将货款打给服务提供商
	3	我可以在该网站上选择自己熟悉的方式进行支付
	4	我认为该网站可以给我好的支付体验
对用户身份认证的信念	1	我认为该网站会验证交易双方的身份的有效性
	2	我认为当用户身份认证时，系统会要求其进行实名注册
	3	我认为如果服务提供商开店认证时填写虚假信息会导致认证无法通过
	4	我认为当服务提供商开店认证时，系统会要求起填写真实有效的信息
对监控的信念	1	我认为该网站会监控服务提供商是否违规
	2	我认为该网站会对服务提供商进行监控并帮助解决冲突
	3	我认为该网站会通过监控系统确保产品或服务尽可能符合公布的要求
	4	我认为该网站会定期通过系统对服务提供商提供的产品或服务进行抽检，对不合格产品或服务进行监管
对权限控制的信念	1	我认为当服务提供商做出违规行为时，系统会对其进行限制和处罚
	2	我认为当服务提供商泄露他人信息时，系统会对其进行处罚
	3	我认为当服务提供商骗取他人财物时，系统会对其进行处罚
	4	我认为服务提供商进行虚假交易（如产品与描述不符）时，系统会对其进行处罚
	5	我认为当服务提供商违背交易承诺时，系统会对其进行处罚
	6	我认为当服务提供商恶意骚扰时，系统会对其进行处罚
对声誉反馈机制的信念	1	我认为该网站会公正地计算服务提供商的总信用
	2	我认为网站评价体系能对服务提供商形成有效约束
	3	我认为该网站的评分及反馈机制是有效的，值得信赖
	4	我认为通过网站信用评价体系可以对交易经历做出评价
	5	我认为该网站的评价与内容具有相关性

附录4　调研问卷

一、基本情况

1. 请问您的性别是（　　）

A. 男　　　B. 女

2. 请问您的年龄为（　　）

A. 20 岁及以下　　B. 21 ~ 30 岁　　C. 31 ~ 40 岁　　D. 41 ~ 50 岁

E. 51 岁及以上

3. 您的教育程度为（　　）

A. 高中及以下　　B. 专科　　　　C. 本科　　　　D. 硕士及以上

4. 您的月收入（如果您还是学生，请填写父母等亲人提供的生活收入）（　　）

A. 2500 元及以下　　　　　　B. 2501 ~ 5000 元

C. 5001 ~ 8000 元　　　　　　D. 8001 元及以上

5. 请问您的工作类型是（　　）

A. 学生　　　　B. 国家机关　　C. 企事业单位　D. 其他类型

6. 您最近 6 个月在以下哪个平台中有过交易经历，请选择一个网站作答（　　）

A. 滴滴出行　　B. 爱彼迎　　　C. 小猪短租　　D. 其他平台

二、根据您在该网站平台的经历，请回答以下问题

功能型技术信任	1 非常不认同	2 不认同	3 较不认同	4 中立	5 较为认同	6 认同	7 非常认同
1. 我认为该网站平台视觉效果好，非常有吸引力							
2. 我认为该网站平台色彩搭配协调							
3. 我认为该网站平台文本/图形的比重均衡							
4. 我认为该网站平台视觉效果有效表达了它的理念和目的（消费者明白登录该网站平台可以购买其所需产品或服务）							
5. 我认为网站平台的布局易于理解，有利于搜索							
6. 我认为网站平台链接是按照重要性有序排列的							
7. 我认为网站平台导航系统的布置是清晰且连贯的							
8. 我认为网站平台的整体布局是合理的							
9. 我认为当我退出网站平台时，它会及时保存我的使用数据							
10. 我认为当关闭网站平台时，网站平台不会要求我手动保存数据							
11. 我认为网站平台会自动保存数据，如常用账户、号码信息							
12. 我认为网站平台会根据用户行为分析推荐我可能喜欢的商品							
13. 我认为该网站平台有同步通信媒体（如即时信息发送、聊天工具、视频通话等）							
14. 我认为该网站平台提供交流工具供我与商家交谈							
15. 我认为该网站平台提供交流工具供我与买家交谈							
16. 我认为该网站平台为信息交互提供支持							
17. 我认为该网站平台推荐我需要的内容							
18. 我认为该网站平台推荐对我比较重要的内容							
19. 我认为该网站平台推荐我关心的内容							
20. 我认为该网站平台会提升与我相关的内容							
21. 我认为该网站平台搜索功能能满足我的需要							
22. 我认为该网站平台可以搜索我想要的东西							

功能型技术信任	1非常不认同	2不认同	3较不认同	4中立	5较为认同	6认同	7非常认同
23. 我认为该网站平台的搜索功能是稳定的							
24. 我认为该网站平台搜索功能提供的结果是有用的							
25. 我认为图标标志着该网站平台是安全的							
26. 我认为图标标志着该网站平台是可信的							
27. 该网站平台的第三方认证是可靠的							
28. 我认为图标标志着该网站平台是可靠的							
29. 我认为该网站平台会通过技术来确保交易的机密							
30. 我认为该网站平台会通过安全控制确保交易机密							
31. 我认为该网站平台会检查信息被截取							
32. 我认为该网站平台通过安全保证确保交易不出错							
33. 我认为该网站平台支付会为交易提供担保							
34. 我认为该网站平台支付会在我确认商品或服务后，将货款打给服务提供商							
35. 我可以在该网站平台上选择自己熟悉的方式进行支付							
36. 我认为该网站平台可以给我好的支付体验							
37. 总的来说，我认为该网站平台设计很好							
38. 整体而言，我认为该网站平台设计方面很专业							
39. 我非常满意该网站平台的整体设计							
40. 对于我而言，该网站平台是有用的							
41. 整体而言，我认为该网站平台的功能是可用的							
42. 我认为该网站平台对我来说是有价值的							
43. 总的来说，我认为该网站平台是可靠的							
44. 整体而言，我认为该网站平台是安全的							
45. 我非常满意该网站平台的安全设置							
46. 我认为该网站平台的整体技术功能设计是有用的							
47. 我认为该网站平台的技术功能是可靠的							
48. 我非常满意该网站平台的整体技术功能							

续表

治理型技术信任	1 非常不认同	2 不认同	3 较不认同	4 中立	5 较为认同	6 认同	7 非常认同
49. 我认为该网站平台会验证交易双方的认证信息的有效性							
50. 我认为当用户身份认证时，系统会要求其进行实名注册							
51. 我认为如果服务提供商开店认证时填写虚假信息会导致认证无法通过							
52. 我认为当服务提供商开店认证时，系统会要求其填写真实有效的信息							
53. 我认为该网站平台会监控服务提供商是否违规							
54. 我认为该网站平台会对服务提供商进行监控							
55. 我认为该网站平台会通过监控系统确保产品或服务尽可能符合公众的要求							
56. 我认为该网站平台会定期通过系统对服务提供商提供的产品或服务进行抽检，对不合格产品或服务进行监管							
57. 我认为网站平台会通过系统对有违规行为的卖家进行限制							
58. 我认为当服务提供商泄露他人信息时，系统会对其进行处罚							
59. 我认为当服务提供商骗取他人财物时，系统会对其进行处罚							
60. 我认为服务提供商进行虚假交易（如产品与描述不符）时，系统会对其进行处罚							
61. 我认为当服务提供商违背交易承诺时，系统会对其进行处罚							
62. 我认为当服务提供商恶意骚扰时，系统会对其进行处罚							
63. 我认为该网站平台会公正地计算服务提供商的总信用							
64. 我认为该网站平台评价体系能对服务提供商形成有效约束							
65. 我认为该网站平台的评分及反馈机制是有效的，值得信赖							
66. 我认为通过网站平台信用评价体系可以对交易经历做出评价							
67. 我认为该网站平台的评价与内容具有相关性							
68. 我认为该网站平台会通过信息技术进行监督							
69. 我认为该网站平台的技术监督是有效的							
70. 我认为该网站平台的监督设置是合理的							

治理型技术信任	1 非常不认同	2 不认同	3 较不认同	4 中立	5 较为认同	6 认同	7 非常认同
71. 我认为该网站平台通过技术手段能有效追究实施机会主义行为的服务提供商的责任							
72. 我认为该网站平台的技术控制是有效的							
73. 我非常满意该网站平台的技术控制设置							
74. 我认为该网站平台通过技术手段能约束违规行为							
75. 我认为该网站平台通过技术手段能有效约束服务提供商的机会主义行为							
76. 我认为该网站平台通过技术手段能有效降低服务提供商的机会主义行为							

三、根据您在该网站平台与某具体服务提供商的交易经历，请回答以下问题

认知信任	1 非常不认同	2 不认同	3 较不认同	4 中立	5 较为认同	6 认同	7 非常认同
1. 我认为该服务提供商的产品品质和服务质量会保持前后一致							
2. 我认为该服务提供商可以持续满足我的需求							
3. 我认为该服务提供商是诚实的							
4. 我认为该服务提供商会把我的最佳利益放在心上							
5. 我认为该服务提供商是可信的							
6. 我认为该服务提供商是正直的							
7. 我认为该服务提供商是值得依靠的							

续表

情感信任	1 非常不认同	2 不认同	3 较不认同	4 中立	5 较为认同	6 认同	7 非常认同
8. 我认为我与该服务提供商可以形成情感共鸣							
9. 我认为我在该服务提供商处可以实现情感归属							
10. 我认为我与该服务提供商间的沟通会产生愉悦感							
11. 我认为我与该服务提供商在交易关系中都投入了大量的真实情感							
感知风险							
12. 我认为与该服务提供商再次进行交易存在很大风险							
13. 我认为从该服务提供商处再次购买产品或服务是安全的							
14. 我认为与该服务提供商再次进行交易会使我暴露在风险中							
重复购买意向							
15. 如果有需要，我会考虑从该服务提供商处继续购买产品或服务							
16. 在该服务提供商购买过产品或服务后，我打算再次从该服务提供商处下订单							
17. 我还会从该服务提供商处购买其他产品或服务							